浪花礼赞

汪氏
现当代名人录

汪天云　汪　滨　主编

上海交通大学出版社
SHANGHAI JIAO TONG UNIVERSITY PRESS

内容提要

　　本书主要辑录了现当代为国家建功立业而呕心沥血、殚精竭虑、鞠躬尽瘁、忠心耿耿、赤胆忠心的汪姓优秀人物,这些人物都是现当代中国各行各业的英烈和人杰,他们的经历和贡献值得铭记,他们的精神值得弘扬。

图书在版编目(CIP)数据

　　浪花礼赞：汪氏现当代名人录/ 汪天云,汪滨主编
　—上海：上海交通大学出版社,2021.9
　　ISBN 978－7－313－25366－8

　　Ⅰ.①浪… Ⅱ.①汪… ②汪… Ⅲ.①名人－生平事迹－中国－现代 Ⅳ.①K820.6

　　中国版本图书馆 CIP 数据核字(2021)第 175813 号

浪花礼赞：汪氏现当代名人录
LANGHUA LIZAN：WANGSHI XIANDANGDAI MINGRENLU

主　　编：汪天云　汪　滨
出版发行：上海交通大学出版社　　　　　　　　　　地　　址：上海市番禺路 951 号
邮政编码：200030　　　　　　　　　　　　　　　　电　　话：021－64071208
印　　制：上海盛通时代印刷有限公司　　　　　　　经　　销：全国新华书店
开　　本：710 mm×1000 mm　1/16　　　　　　　　印　　张：11.75
字　　数：147 千字
版　　次：2021 年 9 月第 1 版　　　　　　　　　　印　　次：2021 年 9 月第 1 次印刷
书　　号：ISBN 978－7－313－25366－8
定　　价：58.00 元

编 辑 委 员 会

序

　　一个民族,总需要用英雄史诗来鼓舞后人,用民族自豪来砥砺前行。尤其让我感动的是被称为"战斗民族"的俄罗斯。随着岁月变迁,卫国战争的老兵越来越少,普京在疫情严峻的年代,竟组织"不朽军团",让红军功勋的子孙举着爷爷的画像、喊着"乌拉"走过红场;让女兵站在云梯上,到老兵窗前唱当年的战歌,后面是当年血染的军旗……这一切真诚、朴实、动人的再现,让我泪目。

　　英雄不朽,民族之魂长存。信念为虹,天地永鉴。

　　2021 年 7 月,时值党的百年华诞。当年,我们创作《开天辟地》时还没想到过,1921 年时由十三位代表、五十多位党员组成的年轻的中国共产党,到如今已是个拥有九千多万阵容的世界第一大党,让世界崇敬。

　　抬望眼,我们在"四史"教育中取得了可喜的成效,《毛泽东选集》脱销,"零零后"在地铁上读《红岩》,上海戏剧学院排演的《前哨》一票难求,年轻人在观演中为"左联五烈士"的英勇壮烈而长时间鼓掌……

　　一个时代总有一个时代的主旋律和英雄谱。

　　在这样的时代坐标上,我们想出版一本汪氏现当代名人录,与以往不同的是,我们把重点落实在自新民主主义革命以来,汪氏家族涌现的先驱、英烈、模范、翘楚身上。特别强调那些曾被历史蒙尘、人们谈志的杰出人士的事迹。

　　就上海而言,曾经的市长陈毅曾深情地说过:"上海的解放,是从龙华英烈的牺牲开始的，我们进城是最后一个行动，实现了他们的夙愿。"他指的英烈里就有为上海解放而倒在龙华的汪寿华吧。

由此，我们要把汪氏家族杰出人士的言行举止记录下来，作为汪氏和更多年轻人的永久记忆。这与宗亲们续谱、造路、建桥、捐赠乡村小学等文化活动一样，是关爱传统文化、保持民族意识的必由环节，而且更能增强民族自信、自尊和自豪。

在这册出版物的筹划过程中，上海汪氏联谊会的编委们表现出极大的热忱和创造性，江浙皖赣地区的宗亲们竭诚扶持和互助，让我们深受感动。

汪氏家族人才辈出，自辛亥革命以来，更是前仆后继，可歌可泣。在中华人民共和国的旗帜上，有我们的风采；在改革开放的颂歌里，有我们的心声。本书名，几经推敲才定为《浪花礼赞》。

在重返世界之林的民族复兴的澎湃波涛中，千万朵浪花组成了壮丽辉煌的民族大潮，而《浪花礼赞》只是其中的一朵小浪花。

《浪花礼赞》，源于我们永远的感恩，感恩汪氏千年的民族传统教育，自防风氏受挫入皖，农耕勤读，奋发创业。家风崇健，传承卓越，胸襟开阔，四海忠良。正因如此，在各个历史时期，汪氏才涌现如此众多才俊贤达，奉献华夏。

《浪花礼赞》，实是浪花的展示，卷中每位人物，无论少年洗礼，还是青年砥砺、中年丽日，或是老年出彩，均离不开时代大潮的裹挟引领，而核心乃五个字："永远跟党走"。

《浪花礼赞》，我们诸多编写者和阅读者都有一个共同体会：人杰地灵，物华天宝，与智者同行，与善者为伍。作为一个当代中国人是自豪自信的，因为我们生活在一个当今最正念、正直、正能量的美好国家，这个国家又迈入了最健康、蓬勃、有序的好时代；这一切来之不易，最好的珍惜是用坚定的信念和民族的智慧贯穿今天和明天，犹如河海涌流，永不停息。

2021年，是14亿中国人尤为扬眉吐气的一年，在人类战胜疫情的艰难历程中，中国政府和中国人民表现的智慧、气概和责任感，让世界诚服钦佩。借此东风，我们推出《浪花礼赞》，希冀以此折射汪氏家族同心同德，开风气之先，勤奋务实，谦和大气的家风的一缕星光。在浩瀚的星空中，令人得到些启发和鼓舞，便是我们的初心和欣慰。

"天若有情天亦老，人间正道是沧桑"。

中央领导们多次提出"学史明理、学史增信、学史崇德、学史力行"。我们正是从这个要求出发，创编了现当代汪氏英杰系列，以后每年一卷，把"四史"教育作为一个自觉持之以恒的使命来推进，并将与出版社、社区文化部门联手举办系列讲座。

温故而知新，学研无止境。

我们把出版和讲座看作提升自身文化底蕴的迫切需要，我们真诚地希望这卷书的问世，能得到广大读者的欢迎和指正。

汪天云

前　言

　　汪姓起源古老,世代注重耕读理学。千百年来,无论是战争时期,还是和平年代,为国家建功立业而呕心沥血、殚精竭虑、鞠躬尽瘁、忠心耿耿、赤胆忠心的汪姓优秀人物,代不乏人。他们,或散载于典籍,或传闻于乡里,或湮灭于史尘,却鲜有记录他们的专著。

　　为赓续文化血脉,用好历史资源,我们以现当代汪姓宗族的英烈和人杰为基础,走访了江、浙、皖、赣、沪、云、贵、川等地,采集素材,汇编成册,书名为《浪花礼赞》,以勉后人,利在当下,意义长远。

　　俚语说:"天下汪氏出徽州。"这句话的出处,一时也无从考,想必应在"白话文运动"之后吧。据宋代史料,就有"今黟、歙之人,十姓九汪,皆华后也"的记载,可见徽州作为汪姓的聚居地,则是由来久远,而汪华则是徽州汪姓的祖先。

　　汪华(586—649),原名汪世华,字英发,安徽绩溪登源里人。隋唐时期,汪华为保境安民,起兵统领了歙州、宣州、杭州、饶州、睦州、婺州六州,建立吴国,自称吴王。他实施仁政,使吴国境内百姓安居乐业,在群雄争霸、战火纷飞的年代,得以安宁祥和。武德四年(622)九月,汪华审时度势,说服文臣武将,主动放弃王位,率土归唐。贞观二年(628),唐太宗李世民授予汪华忠武大将军、参掌禁军大权,委以九宫留守,辅佐朝政,位极人臣。

　　汪华生有九子,其后裔广布徽州一府六县。新安之族以汪为尊,随着汪氏族人的四处迁徙，"天下汪氏出徽州"，倒也不虚此言。

本书收录这些汪姓优秀人物的起始时间，界定为 1840 年以后，因为这些人物的生活条件、社会环境、学识范围，与当代的我们更接近。

在编写顺序上，则按收录人物的生辰先后排序。每个人物的篇章，都先以基本信息（包括曾用名、身份职业、祖籍、生辰）起头，后呈现人物的简历（部分人物因缺少详细到年月的资料，仅以生平形式陈列），再聚焦人物的成就与贡献、荣誉和社会兼职，以客观全面地展现收录人物的成就。对于部分人物还附有拓展资料，以方便读者更深入了解。

我们期待本书的汇编成册，能够记下历代汪氏杰出人物的贡献，追踪他们的人生轨迹，以激励后人。

汇编的工作或许是枯燥的，但我们将长期努力地去做。

汪　滨

目　录

汪德章
中国畜牧学创始人

汪德章（字启愚）　畜牧学家

江苏苏州人　1890—1951.6.9

生平

汪德章于1905年入北京京师译学馆学习,1908年毕业后即赴美国求学,是中国最早一批赴外国学习畜牧科学技术的留学生。他先在伊利诺伊大学就读,获得农学学士学位;后又在康奈尔大学继续深造,获得畜牧专业硕士学位。

1917年至1951年的30余年间,他历任北京农业专门学校教授、江苏省立第一农业学校教授、江苏省立第三农业学校教授、南京高等师范院校教授、东南大学教授、河南农业专门学校教授、南通大学教授、中央大学农学院教授、南京大学农学院教授,并且还兼任一些其他院校的系主任、校长。其中,1926—1929年,他曾在绥远、广西等地政府机关任职。

此外,他还曾任农商部第三种畜场技师、广西实业院农务局技师、江苏省立苏州中学教员兼事务主任、南通中学教员兼事务主任等职。

教学之余,他于1922年创办了南京鼓楼奶牛场,并先后于1935年、1936

年和 1950 年,举办乳牛训练班、耕牛赛会和畜牧兽医训练班,以培养畜牧业人才。

　　几十年中,他始终奋斗在畜牧学的教学岗位上,他对教学认真负责,并重视对教学资料的搜集。

著作

　　著有《家畜饲养全书》。

汪泽楷
革命运动先驱者

汪泽楷（原名：汪士楷） 教育学家

湖南醴陵人 1894—1959.12

简历

1894 年秋，出生于湖南醴陵一个书香之家。

1916 年春，毕业于湖南省立第一中学。

1917 年秋，考入湖南省立法政专门学校。

1919 年 12 月，赴法国勤工俭学。

1920 年年底，参加法国共产党。

1922 年在法国参加"旅欧中国少年共产党"，被选为执行委员。

1923 年 10 月，受中共中央指派，前往苏联莫斯科东方大学学习。

1924 年秋，回国，任中共安源地委书记。

1927 年 6 月，任第一届中共江西省委书记，组织并参与了南昌起义。

1927 年 8 月，任中共湖北省委组织部部长。

1927 年 9 月，作为中共"六大"的指定代表，赴莫斯科参会。

1929 年 11 月，被打成"托派"，与陈独秀一起被中共中央政治局开除党籍。

1930 年起，先后在北平、桂林、南宁、长沙等地任教。

1949 年 8—10 月，任克强学院院长。

1949 年 5 月—1950 年 3 月，任民国大学校务委员会主席。

1949 年 8 月，任湖南大学教授兼校图书馆馆长。

1953 年春，任中南财经学院教授兼综合资料室主任。

1958 年，以"历史反革命罪"被判处 5 年徒刑。

1959 年 12 月，在湖北沙洋劳改农场潜江畜牧场服刑期间病逝。

1979 年，湖北省高级人民法院撤销判决，为其恢复名誉。

成就与贡献

汪泽楷是中国共产党早期领导人之一。

赴法国勤工俭学期间，汪泽楷认识到否认政权的无政府思想的错误，彻底摆脱了无政府主义的影响，确立了马克思主义信念，成为一名坚决勇敢的无产阶级战士，并于 1922 年在法国参加"旅欧中国少年共产党"。汪泽楷还介绍邓小平加入"旅欧中国少年共产党"。

1927 年 8 月 1 日发动的八一南昌起义，打响了工农武装的第一枪，时任中共江西省委书记的汪泽楷积极组织群众慰军劳军，散发传单，投身于起义之中。

秋收起义失败后，队伍不知去哪里落脚。作为当时中共江西省委书记的汪泽楷，除为秋收起义呕心沥血，积极配合、推进外，对赣西的宁冈、永新几县的大致情形，包括袁文才队伍的情况，是了解的。他认为秋收起义的余部应该避开敌人实力雄厚的城市区域，退到一个既偏僻又有革命基础的地方去休养生息，这个理想之地就是以宁冈为中心地段的井冈山。于是，他派遣宋任穷追赶秋收起义队伍，将他的亲笔密信递交给毛泽东，提议上井冈山。这使起义队伍做出转兵井冈山的决策，并对整个革命形势走向起了决定性的作用。

　　湖南解放的前夕，汪泽楷凭着他在教育界的声望以及与湖南军政首脑陈明仁的交情，积极配合我党我军的工作，不失时机地在陈明仁面前进言鼓动起义，并从中加以襄助，对促成程潜和陈明仁起义、和平解放长沙发挥了巨大的作用。

荣誉和社会兼职

- 湖南省首届人民代表大会代表
- 湖南省首届政治协商会议委员

著作

- 著有《劳人日记》；
- 译有《哲学之贫困》《马克思恩格斯政治论文集》《俄国大革命史》《印度民族革命运动》等；
- 编译有《印度政治经济状况》等。

汪敬熙
中国神经生物学的奠基人

汪敬熙（原名: 汪缉斋）　小说家、现代生理心理学家、中央研究院院士

山东济南人　1893—1968.6.20

简历

1893 年，生于山东济南。

1919 年，毕业于北京大学经济系，在校期间，参加新潮社，参与新文化运动。

1920 年，赴美国留学，入约翰·霍普金斯大学研究心理学与生理学。

1923 年，获博士学位。

1924 年，回国，后历任河南省立中州大学、中山大学、北京大学心理学教授。

1934 年起，任中央研究院心理学研究所所长。

1947 年，应联合国文教组织之聘，携眷至巴黎，担任联合国科学部主任。

1948 年 4 月，被选为中央研究院院士。

1953 年，赴美国，在约翰·霍普金斯大学研究，随后到威斯康星大学继续生理学研究。

1968 年 6 月 20 日，病逝于美国威斯康星州迈迪生城。

成就与贡献

汪敬熙毕生致力于生理心理学的研究，造诣精深，被誉为神经生物学的奠基人之一。主要学术贡献：

（1）研究皮肤电反射的先驱者之一。他研究证明皮肤电反射是汗腺分泌作用的表现，与意识现象无关，其强度与情绪强弱无一定关系，而与刺激的强弱有确定关系。

（2）将电子仪器引入中国用于脑功能研究的第一人。

（3）发现了瞳孔收缩和扩张的皮层代表区域。

（4）最早研究发现雌白鼠活动 4 日周期的变化是由于性欲周期所致，性欲周期的产生则由卵巢内分泌的卵巢素所引起。他所采用的分析方法后成为广泛应用的哺乳动物行为研究的方法。

（5）通过对两栖类胚胎行为的研究，将两栖无尾类 3 种蛙的游泳行为的发育分为 3 期 6 个阶段。

（6）研究汗腺分泌的神经调节之中枢机制，并著《汗腺分泌的神经调节》一书。

著作

文学作品

• 短篇小说《雪夜》，表现了对苦难妇孺的同情，具有现实主义的色彩，是其文学代表作。

主要学术论著

• 著有《皮肤电与情绪测量》《科学方法漫谈》《行为之心理分析》《汗腺分泌的神经调节》；

• 发表《生理电学在心理学上之应用》《中国心理学的将来》《答潘菽先生"关于心理学的预言"》。

汪禧成
中国铁道信号事业的功臣

汪禧成（字孟贺）　铁道信号工程专家、教育家

江苏无锡人　1896.10.5—1976.10.21

简历

1896 年，出生于江苏无锡。

1911 年，毕业于江苏常州中学。

1918 年，毕业于上海工业专门学校（今上海交通大学）土木科。

1918 年 9 月，先后在美国通用号志公司、孔勃伦油管公司、联合号志公司、雷定铁路新泽西站等处实习。

1921 年 7 月，获康奈尔大学硕士学位。

1922 年 1 月，回国，任北京交通部铁道技术统一委员会委员并调部办事、京奉铁路今京沈铁路号志工程处山海关号志副稽查。

1925—1929 年，任唐山到山海关双线号志副工程师。

1929—1932 年，任京宁铁路（今京沈铁路）号志工程师。

1932—1937 年，任京汉铁路工务处技术课长。

1937—1938 年，任南京国民政府铁道部铁路技术标准审订委员会专

任委员。

1938—1947年，任交通部技正，兼任综合设计考核委员会主任秘书，滇缅铁路督办公署行车效率工程处处长、总工程师，南京国民政府工程计划团号志主任工程师。

1947年，任中国建国公司工程师。

1948年，任麦克洛公司号志顾问工程师。

1949年，任上海铁路局专门委员，兼上海都市计划委员会委员。

1949—1950年，任铁道部电务局专家，兼唐山工学院电机系主任。

1950—1953年，任铁道部设计局顾问工程师。

1953—1976年，任哈尔滨铁道学院教授，北京铁道学院（今北京交通大学）教授、电信系主任。

1976年10月21日，逝于北京。

成就与贡献

汪禧成是铁道信号工程专家，教育家，我国铁道信号事业的开拓者。他最早提倡运、机、工、电设备合理配置，以提高行车效率；首先指导双线机电联锁闭塞（今称半自动闭塞）工程；组织创建中华人民共和国铁路第一个进路式继电集中联锁工程——粤汉线衡阳站，达到当时的世界先进水平。他倡议在高校创办铁道信号专业和铁道信号器材专业，为我国铁路业培养了大批专门人才。

抗战时期，汪禧成任滇缅铁路督办公署技术委员会委员、行车效率工程处总工程师、处长。他明确分工协作，先搞好站场设计，再搞好号志设计。这种组织系统，反映了铁路号志控制系统与控制对象的辩证关系，奠定了铁路行车效率工程的基本学科内涵与发展方向。

1949年7月，上海铁路局聘他为专门委员，同时任上海市都市计划委员会委员，研究上海铁路枢纽规划。后被聘为铁道部电务局专家，在审定中国第一版铁路行车技术管理规程时，他提出将提高行车效率列入铁道信号设置目的条文中的建议，并得到采纳。

随后他又对株洲、衡阳及广州枢纽进行研究论证，提出衡阳站经局部改造后，即可装设进路式继电集中联锁设备，以提高行车安全和运输能力。衡阳铁路局完成施工后，衡阳站的进路式继电集中联锁达到当时的国际先进水平。

荣誉和社会兼职

- 北京市政协第二、三、四届委员

著作

- 著有《自动控制与远程控制理论基础》等；
- 发表有《机械信号互销冗余联锁方阵表》《轨道电路图解教学法》等。

汪原放
中国古籍标点专家

汪原放（原名: 汪家瑾） 现代出版家、翻译家

安徽绩溪人 1897.6.9—1980.4.1

简历

1897 年,出生。

5 岁丧父,随大叔汪孟邹生活。

1910 年,初小毕业,到汪孟邹在芜湖开设的科学图书馆当学徒。

1913 年,跟随汪孟邹到上海亚东图书馆。

1920 年 8 月 20 日,他以新式标点、分段整理的《水浒传》在亚东图书馆正式发行。

1922 年 9 月,中共中央机关报《向导》在上海创刊,他在亚东承担印刷发行工作。

1925 年,加入中国共产党,任亚东图书馆党支部书记。

1926 年 4 月,受党派遣前往武汉。

1927 年 5 月,在汉口任《民国日报》经理、国际编辑,并担任中共中央出版局局长。

1927 年 9 月，第一次国内革命失败后与党失去联系，回亚东图书馆工作。

1956 年，入新文艺出版社任编辑，后又在古典文学出版社、出版文献资料编辑所任编辑。

1963 年退休。

1980 年，病逝于上海。

成就与贡献

汪原放是中国古代小说研究的先驱者，对整理出版中国古典小说做出很大的贡献，是对中国古典小说用新式标点和分段进行整理的首创者。1910 年，他采用新式标点和分段形式整理出版了《水浒传》，开新式标点古典小说的先河。从 1920 年起，先后出版了《红楼梦》《三国演义》《西游记》《儒林外史》等十多部新式标点的古典小说，一改往昔旧小说只加圈点概不分段的老面孔。对于这种新版的古典文学名著，文化学术界的人士好评如潮，陈独秀、鲁迅、胡适、邵力子、叶圣陶、陈望道、茅盾等都大加赞扬。他也因此在当时的出版界和文学界名声大噪，被誉为"标点古籍第一人"。

1921 年，他校点整理的亚东版《红楼梦》的出版，标志着《红楼梦》传播、接受新时代的到来，谱写了《红楼梦》传播接受的新篇章，他也因此被誉为现代出版业的先驱者。

《新青年》在上海创刊以后，亚东图书馆就成了中国共产党和进步的文化人士接触和聚会的场所。汪原放也于 1925 年加入了中国共产党，1927 年 4 月受党派遣去武汉，任董必武和茅盾主持的《民国日报》的编辑和经理，并出任中共中央出版局局长。

他以自己在亚东和第一次国内革命时期的经历，写了一部 120 万字的回忆录《回忆亚东图书馆》，主写党的 40 年出版史，中途三易其稿，终于杀青。这本回忆录真实地记录了他和陈独秀、胡适等人的来往和交谊，为现代史和中共党史留下了弥足珍贵的资料。

汪原放退休以后还将珍藏多年的小说研究资料，海内外唯一保存石玉昆口述原貌的孤本、古典小说《龙图耳录》，赠予中华书局上海编辑所。

著作

- 著有《回忆亚东图书馆》；
- 翻译《伊索寓言》《一千零一夜》、笛福的《鲁滨孙漂流记》、高尔基的《我的旅伴》等；
- 编写《诗经今译》《书信选辑》等。

汪胡桢
中国水利工程技术专家

汪胡桢（字干夫）　水利学家、中国科学院院士

浙江嘉兴人　1897.7.12—1989.10.13

简历

1897 年，出生于浙江嘉兴。

1915 年，毕业于浙江省立第二中学校。

1917 年，从南京河海工程专门学校毕业。

1920 年，进入美国康奈尔大学，学习水力发电专业。

1923 年，获硕士学位，在佐治亚州亚特兰大市铁路电力公司实习。

1924 年，回国，在南京河海工科大学任教。

1927 年，担任太湖流域水利工程处副总工程师。

1929 年，任浙江省水利局副总工程师、第十二区工赈局局长兼皖淮主任工程师，他用退赔的庚子赔款，设计建成了邵伯、淮阴、宿迁三个船闸。

1931 年，发起创办了中国水利学会。

1934 年，任整理运河讨论会总工程师，编制完成了《整理运河工程计划》。

1934—1937 年，担任中国经济委员会水利处设计科长。

1946—1948 年，出任钱塘江工程局副局长兼总工程师，领导修复因抗日战争遭破坏的钱塘江海塘缺口。

1949 年后，担任浙江大学教授，之后调任华东军政委员会水利部副部长，又任治淮委员会委员兼工程部部长，参与制定"治淮方略"。

1950 年，担任淮河水利工程局副局长，治淮委员会委员兼工程部长。

1951 年，担任佛子岭水库工程总指挥。

1954 年，担任水利部北京勘测设计院总工程师。

1955 年，当选为中国科学院学部委员（院士）。

1956 年，任黄河三门峡工程局总工程师。

1960—1978 年，任北京水利水电学院院长。

1965 年，率领师生完成了"黄河碛口拦沙库设计方案"。

1979—1982 年，担任水利部顾问。

1989 年 10 月 13 日，因病在北京逝世。

成就与贡献

汪胡桢主持和参与制定了《导淮工程计划》《整理南北大运河工程计划》，亲自勘察了杭州到北京的大运河，设计了邵伯、淮阴、宿迁三个船闸，领导修复钱塘江海塘工程。

他还主编出版了大型专业工具书《中国工程师手册》，对以后的工程技术人员的学习和工作有重要的作用。

他主持治淮技术工作，负责设计、施工、修建了中国第一座大型连拱坝——佛子岭水库，这项工程的拱坝技术在当时处于世界先进水平。

他负责黄河三门峡水库的施工、修建工作，直至大坝完成蓄水，被水利界誉为"中国连拱坝之父"。

中华人民共和国成立后，他历任华东军事委员会水利部副部长、治淮委员会工程部长、佛子岭水库工程总指挥、水利部北京勘察设计院总工程师、黄河三门峡水库工程局总工程师、北京水利水电学院院长、华北水利水电学院名誉院长，兼任中国水利学会副会长、水利部顾问。

汪胡桢将毕生献身于祖国水利水电事业，参与并领导过许多重大的水利水电工程建设，为国家培养了大量的水利水电人才。

荣誉和社会兼职

- 第一、二、三、五届全国人大代表
- 第六届全国政协委员
- 中国水利工程学会第二至第十届董事会董事、第七届副会长
- 《水利》月刊主编

著作

- 著有《地下洞室的结构设计》《水工隧洞的设计理论和计算》等；
- 主编有《中国工程师手册》《现代工程数学手册》；
- 译有《水利工程学》《美国土木工程百科全书》等；
- 重刊了《河渠纪闻》《治河方略》《问水集》等；
- 编印《水利珍本丛书》。

汪厥明
中国生物统计学创始人

汪厥明（字叔伦）　农学家、作物育种学家、生物统计学家、台北"中央研究院"
　　院士

浙江金华人　1897.10.12—1978.1.16

简历

　　1897 年，出生。

　　1914 年，从金华浙江省立第七中学毕业后，随父汪庚前往日本留学。

　　1915 年，考入日本熊本高等学校。

　　1917 年，考入日本东京帝国大学农科，攻读农学。

　　1921 年，毕业后进入该校研究院深造。

　　1924 年，日本东京帝国大学研究生院毕业，获农学硕士学位。

　　1924 年 8 月，回国后任北京农业大学讲师兼河北省涿县（今涿州市）
农事试验场（冯玉祥创办）技师。

　　1926 年，出任北京农业大学教授。

　　1927 年，任北京大学农学院教授，致力于生物统计和育种学研究。

　　1927—1928 年，被南京中央大学农学院借聘一年，期满后回到北平大学农学院任教授兼农艺系主任。

1936年，奉派赴欧洲考察，并在英国剑桥大学农学院进修，专攻生物统计学。

1937年，赴西北联合大学农学院任教授兼农艺系主任。

1938年初，赴广西大学农学院任教授兼农艺系主任。

1945年，抗日战争胜利后，任云南大学农学院教授。

1946年，出任台湾大学农学院教授兼农艺系主任。

1958年，赴美考察农业。

1963年，当选为台北"中央研究院"院士。

1973年7月，退休。

1978年1月16日，逝世。

成就与贡献

20世纪20年代，汪厥明在北京农业大学任教期间，主讲麦作学、育种学、生物统计学及田间试验技术等课程，是国内最早开设生物统计学课程的教授之一。在当时，国内有"南丁"（水稻专家丁颖）"北汪"（小麦专家汪厥明）的赞誉，他也成为国内南、北两大农业科学巨匠之一。他对生物统计学有独特的研究和见地，当英国的生物统计学权威费歇教授的变量分析法（后称方差分析）在欧美初露头角时，汪厥明便将该方法引入中国，在北京农业大学开始讲授。他开中国试验研究应用统计和放射率测定之质疑的先河，其论著均有精辟、独到的见解，对后来原子能和平利用科学的发展影响颇大，在国际上受到赞誉。

汪厥明是中国第一个生物统计学研究室的创建者。1946年，为祝贺他在生物统计学研究方面取得的成就，丁颖、胡子昂、王益滔、董时进、刘运筹、彭家元等共同发起成立了以汪厥明名字命名的中国唯一一个生物统计学的研究机构——台湾大学厥明生物统计研究室。后来，台湾大学为表彰他的突出成就，正式将厥明生物统计研究室更名为厥明生物统计研究所，并任命他为首任所长。该机构的建立，为培养高级生物统计学人才，促进生物科学的发展，做出了重要的贡献。

著作

- 著有《多品种比较试验之理论与实际》《动差、新动差、乘积动差及其相互关系》《机差自由度估算法》等；
- 发表有《圃场试验误差及其估计理论》等。

汪奠基
中国逻辑思想史学者

汪奠基（字三辅）　逻辑学家、教育学家

湖北鄂州人　1900.1.8—1979.8.16

简历

1900 年，出生。

1916 年，进入北京大学补习班。

1920 年，赴法国勤工俭学，攻读哲学和数理逻辑。

1924 年夏，入巴黎大学研究班深造。

1925 年 5 月，回国，应聘到北京大学教授哲学、法文、西洋逻辑史等课程，先后任讲师、教授；同时在北京师范大学、中法服尔德学院、中国大学和北京女子师范大学兼任教授。后又任教于暨南大学、北平大学、国立湖北师范学院、广西大学、四川大学、武汉大学等院校。

1952 年，全国高校院系调整后，赴北京大学哲学系任教授，讲授西方逻辑史、逻辑学等课程。

1955 年，调入中国科学院哲学社会科学部哲学研究所，主要从事中国逻辑思想史的研究工作。

1979 年 8 月 16 日,逝世。

成就与贡献

汪奠基在高等院校从事管理和教学工作 30 年,开过 20 多门课,是位杰出的教育家。他在哲学、逻辑学、科学方法、数学、教育学、心理学、政治思想史等多个领域里都有重要创获。

1925 年 5 月,汪奠基回到祖国以后,深感国内数理逻辑学科薄弱,出版了《逻辑与数学逻辑论》和《现代逻辑》,比较系统地介绍了现代逻辑命题演算、谓词演算、公理论和演绎模型等内容。这两部著作,对我国早期数理逻辑的传播发挥了很好的作用,他也因此被称为国内对数理逻辑"有相当深的研究,且有新的贡献"的少数几位学者之一。

1949 年以后,中国逻辑思想史研究领域几乎一片空白。汪奠基受中国科学院哲学研究所委托负责制定全国科学发展规划,并于 1979 年出版了《中国逻辑思想史》,这是中国历史上第一部中国逻辑通史著作,是中国逻辑史研究领域里很重要的一部著作,受到国内外学术界的重视。

他在《逻辑与数学逻辑论》和《中国逻辑思想史》等经典著作中,提出了一系列有着深远影响的学术观点,展示了中国逻辑史研究中除比较研究方法之外的另一种主要研究方法——历史分析方法。这种方法对 20 世纪 90 年代的中国古代名辩学研究产生了积极影响,至今仍有巨大的价值。汪奠基则被公认为 20 世纪后半叶对中国逻辑思想史最有贡献的学者之一。

他一生从事逻辑学的研究和教育工作,特别是在湖北大学发展史上具有里程碑式的意义。1944 年,他受国民政府教育部聘请,从四川大学师范学院院长转任湖北大学前身湖北师范学院院长。在他的带领下,在短短的三年内,学校从复校走向了发展的鼎盛时期。到 1947 年他离任之时,该校已拥有教育、国文、英文、史地、数学、理化、音乐、体育 8 个系,在校学生达 700 余人，教职工 250 余人，成为当时湖北省乃至全国都很有影响的大学。

为纪念他，湖北大学还为他立了铜像。汪奠基先生铜像矗立在湖北大学数统学院 4 号教学楼前，基座上镌刻着他为湖北师范学院制定的校训："日思日睿，笃志笃行。"

著作

- 著有《逻辑与数学逻辑论》《科学方法》《哲学与科学》《现代逻辑》《老子朴素辩证的逻辑思想——无名论》《中国逻辑思想史料分析（第一辑）》《中国逻辑思想史》等。

汪寿华
早期工人运动领导人

汪寿华（原名: 何纪元） 早期工人运动领袖

浙江诸暨人 1901.4.17—1927.4.11

简历

  1901 年, 出生于浙江诸暨檀溪乡泉畈村。

  1909 年, 于檀溪乡泉畈村阳和小学读书。

  1913 年, 于枫桥大东高等小学读书。

  1917 年秋, 考入杭州的浙江省立第一师范学校。

  1920 年 6 月, 参加上海工读互助团和上海社会主义青年团。

  1921 年 4 月, 和刘少奇、任弼时、罗亦农等先后赴苏俄学习。

  1923 年, 加入中国共产党, 当选为赤塔远东职工会中国工人部主任。

  1924 年, 被推选为海参崴(今符拉迪沃斯托克)职工苏维埃委员。

  1924 年底, 回国, 在诸暨乡下与赵兰花结婚。

  1925 年 1 月, 参加中国共产党第四次全国代表大会。

  1925 年 5 月, 担任上海总工会宣传科主任。

  1925 年 8 月起, 先后担任中共上海区委(又称江浙区委)委员、区委工农部主任、区委职工运动委员会书记、上海总工会党团成员、上海总工会代理委员长等职务。

1926 年 5 月 7 日,任四人委员会成员。

1926 年 10 月 24 日,组织领导了上海工人第一次武装起义。

1927 年 2 月 19 日,组织领导了上海工人第二次武装起义。

1927 年 3 月 21 日,组织领导了上海工人第三次武装起义。

1927 年 3 月 27 日,任上海总工会委员长。

1927 年 4 月 11 日,惨遭杀害。

成就与贡献

1919 年,五四运动犹如一声春雷,唤醒了许多有志青年,正在杭州浙江省立第一师范学校求学的汪寿华,也积极投入反帝反封建的斗争行列,他对新文化运动、对马克思主义产生向往,决心献身改造社会的伟大事业。

1921 年 4 月,他和刘少奇、任弼时、罗亦农等先后赴苏俄学习。他不仅受到马克思列宁主义的教育,学习了苏联无产阶级革命的经验,而且在实际工作中,逐步成长为党的一名优秀的工运工作干部。

回国后,汪寿华担任上海总工会宣传科主任。在他的倡议和推动下,上海总工会宣传科与上海学联联合办了平民学校 11 所,从事提高工人文化和政治觉悟的工作。当时参加读书的工人有 1 570 人,在他们中间也诞生了一大批工人干部。

1925 年 5 月,上海爆发了震惊中外的"五卅"反帝运动,上海总工会领导工人罢工,并推动学生罢课、商人罢市,给予帝国主义以沉重的打击。在汪寿华的组织下,反帝的标语、传单、横幅、壁报、演讲等宣传活动充分展开,对动员工人坚持罢工起了很大的作用。

为了配合北伐进军,1926 年 10 月,中共上海区委会决定组织上海工人第一次武装起义,罗亦农、赵世炎、汪寿华等为领导人。汪寿华不仅组织码头、电车工人罢工和武装特别纠察队,而且还与在上海的国民党头面人物和商界人士接触,进行统战联络工作。但由于时机不成熟和准备不充分,10月23日夜发动的工人武装起义失败了,许多人被捕,陶静轩、奚佐尧等牺牲。

1927年2月中旬,北伐军的先头部队到达嘉兴,军阀孙传芳在上海的反动统治摇摇欲坠,工人的革命情绪十分高涨。根据党的指示,汪寿华主持召开了全市工人代表大会,一致决定于次日举行全市总罢工。2月19日晚,他以上海总工会代理委员长的名义发布总罢工通告。罢工持续了4天,先后参加罢工的人数达36万。22日晚,总罢工转入武装起义,各区工人纠察队袭击军警;部分海军同情起义,炮击了高昌庙兵工厂。起义一直进行到23日晚上。但由于罢工的时间拖得太长,武装行动又不及时,使敌人有了准备,这次起义又失败了。

1927年3月20日,北伐军到了龙华,中央和上海区委决定举行第三次起义;汪寿华下达了3月21日中午12时总罢工的命令,参加罢工的人数达80万。罢工1小时后,立即转入武装起义。上海7个区的工人纠察队同时向敌人发动了突然袭击。工人纠察队经过两天一夜的血战,终于占领了租界以外的上海地区。上海工人第三次武装起义的胜利,谱写了中国工人运动史上光辉的一页。

3月27日,举行全市工人代表大会,有1000多人参加。汪寿华报告了起义经过,并提出收回租界、肃清一切反动派、工人武装自卫、改善工人生活、发展和整顿工会组织等17项任务。会上选出汪寿华等40人为上海总工会执行委员。次日,执行委员会推选汪寿华为上海总工会委员长。

1927年4月11日,杜月笙邀汪寿华晚上赴宴,汪即向组织上作了汇报。党内在讨论时,有人劝他不要去,担心有危险;也有人认为可以去,去了可以摸清敌人的底细,但要注意安全。

最后汪寿华决定前往，为了安全起见，组织上决定由李泊之陪同前往。汪寿华要他在华格臬路（今宁海西路）杜月笙住处附近等他，如果两小时还不出来，即有意外，要立即报告组织。果然，汪寿华进入杜宅后几小时没有消息。

汪寿华牺牲了，而就在第二天凌晨，国民党蒋介石利用黄金荣、杜月笙等所组织的"中华共进会"的流氓向工人纠察队驻地进攻，并唆使国民党第二十六军周凤岐部借口"工人内讧"，发动了"四一二"反革命政变。

汪寿华生前曾对周围同志说过："革命是追求真理的事业，我们应尽力地走我们现在应走的路。如果牺牲了，以后的路自会有人来继续走下去的。"烈士牺牲后，有千千万万的后继者投入了革命，并取得了伟大的胜利。

汪德耀
中国细胞生物学的奠基人

汪德耀（字伯明） 细胞生物学家、动物学家、教育家、社会活动家

江苏灌云人 1903.2.8—2000.10.12

简历

1903 年，出生于江苏省灌云县。

1921 年，考取公费留学，赴法国里昂中法大学求学，专攻生物学。

1925 年，获得理学硕士学位，后到巴黎大学攻读细胞学。

1926 年，作为中国唯一代表赴捷克都城布拉格参加国际解剖学者学术会议，并宣读了论文，获得好评，当选为国际解剖学者学会会员和法国巴黎生物学会会员。

1928 年，作为中国的唯一代表，到法国波尔多参加国际解剖学者学术会议。

1929 年，拜访法国作家罗曼·罗兰，与其成为忘年之交。

1930 年，再次拜访罗曼·罗兰，并在其家中与印度圣雄甘地见面。

1931 年 10 月，荣获法国国立巴黎大学博士学位，成为当时中国第一位细胞学博士。

1931 年，回国。

1932—1941 年，先后历任北平大学生物系教授、北平研究院生物研究所研究员、北平大学农学院农业生物学系教授、西北联合大学生物系教授等职。

1941 年 4 月，创办中国第一家地方性研究机构"福建省研究院"，任院长兼动物研究所研究员。

1943 年后，出任厦门大学教授并先后兼任生物系主任、理工学院院长、代理校长、校长、校务委员会主任委员等职。他受命于危难之际，全力以赴进行学校建设，将 3 个学院 9 个系扩大为 5 个学院 19 个系，其中理学院的海洋学系，工学院的航空工程学系，商学院的国际贸易学系和法学院的南洋研究室为国内首创。

1963 年，受聘兼任中科院遗传所研究员。

1985 年 11 月，被法国尼斯大学授予名誉博士学位。

2000 年 10 月 12 日，病逝。

成就与贡献

汪德耀获得博士学位后，导师万特倍尔教授和马哈博士希望他留在法国继续和他们一起从事研究工作。法国著名的罗斯科夫（Roscoff）研究所也以优越的条件聘请他到该所工作。就在这个时候，"九一八"事变发生了，于是他毅然放弃了在法国的优厚待遇和优越条件，忍痛割断与法国女友的感情，于 1931 年 11 月底，从巴黎经马赛乘轮船在海上颠簸三十五天后回到了祖国。

从 1947 年到 1949 年，全国学生运动澎湃，汪德耀所在的厦门大学也不例外。当时教育部部长朱家骅三次给汪德耀下"亲启密令"，要汪德耀限期解聘王亚南，开除几十名进步学生，汪德耀却多方为他们开脱、辩护，拒不执行命令，保护了一批爱国人士。

　　从 20 世纪 50 年代起，汪德耀就一直参与制定中国细胞学的发展规划。从 60 年代起，他和他领导的科研组承担了有关细胞器结构和功能以及核质相互关系等国家重点科研项目的研究。汪德耀在动植物细胞液泡系的演进规律、液泡系与高尔基体的相互关系、细胞质基本组成成分和动物细胞非有丝分裂等方面的研究取得了一些突破性进展。他根据福建沿海贝类养殖特点研究出牡蛎人工授精、育苗和大小牡蛎人工杂交的成果，解决了中国养殖海产贝类幼苗紧缺的问题，为发展福建省的海洋养殖业做出了重要的贡献。

荣誉和社会兼职

- 荣获法国巴黎大学诺贝尔奖奖金获得者 Berthlo 的国家科研优秀成果奖
- 主编的《普通细胞生物学》一书荣获国家教委优秀教材一等奖
- 合著《膜分子生物学》获得第十届"中国图书奖"
- 农工民主党中央咨监委员会常委
- 厦门市政协副主席
- 福建省政协常委

著作

- 著有《普通细胞生物学》《膜分子生物学》等；
- 发表《动植物细胞的细胞质组成研究》等。

汪烈山
能攻善守的指挥员

汪烈山（原名：汪福全） 烈士，生前任红三十军第八十八师师长

湖北红安人 1904—1933.12.16

简历

1904 年，出生于湖北省黄安县（今红安县）檀树岗乡汪刘家洼村一个贫苦农民家庭。

1925 年，加入中国共产党，先后发展了二三十人参加中国共产党，为鄂豫边地区革命的迅速发展做出了贡献。

1927 年 9 月，参加熊家咀的"九月暴动"。11 月 13 日，率领檀树乡的农民义勇队连夜奔向黄安城，参加黄麻起义。

1929 年，参加中国工农红军红一军，历任排长、连长、营长等职。参加了鄂豫皖革命根据地创建工作，尤其对鄂豫边革命根据地的创建做出了重大贡献，率队参加了第一至第四次反"围剿"战斗，屡立战功。

1931 年 11 月—1932 年 6 月中旬，主力红军发展到 2 个军 6 个师，还组建了独立第一、第二、第三、第四师和 1 个少共国际团。汪烈山担任少共国际团团长。

1932 年 5 月，率领第二十八团参加竹峪关反击战，大获全胜。升任红三十军第八十八师师长，下辖第二六二团、第二六三团和第二六四团。

1933 年 8 月，率领第八十八师的 3 个团参加了营渠战役、宣达战役。

1933 年 11 月，刘湘向川陕革命根据地发动了六路围攻。12 月 15 日凌晨，敌人利用浓雾作掩护，强渡前河、州河、渠河，红军发觉后，乘敌半渡之际，重创敌廖雨辰师、王陵基师。16 日，敌军在飞机掩护下继续强渡。红军第八十八师在汪烈山的率领下，在达县城东南雷音铺等地，大量杀伤敌军，给予敌军第二十一军范绍增第四师以沉重的打击。敌强登北岸后，汪烈山率第八十八师第二六三团退守石鼓寨。战斗中，正在前线巡逻指挥的汪烈山不幸中弹牺牲。

汪奠川
鄂豫边红军创建人之一

汪奠川（原名：汪世杰） 烈士，生前任红七军参谋长

湖北红安人 1904—1928.3

简历

1904 年，出生于湖北省黄安县（今红安县）。

幼时，就读于本村私塾，后进本县高级小学学习，1924 年考入武汉中学。

1925 年五卅惨案发生后，积极参加并组建五卅后援委员会，组织学生罢课、工人罢工、商人罢市的"三罢"斗争，声讨帝国主义的野蛮暴行。

1926 年，加入中国共产党。北伐军攻克武汉后，由党组织派回黄安从事农民运动，组建农民协会和农民自卫队。

1927 年 3 月，与戴克敏被选派到"中央农民运动讲习所"学习。"麻城惨案"发生后，参加了武昌农讲所学生军，星夜驰援麻城，参加平定麻城会匪叛乱的战斗。

第一次国内革命失败后，回到黄安继续坚持斗争，任黄安农民自卫军指导员。他在自卫军中积极建立和发展党、团组织，加强部队的政治教育

和军事训练，大大增强了农民自卫军的战斗力，为革命高潮的到来，做好了积极的准备。

1927年8月7日，中共中央在汉口召开了八七会议，确定了土地革命和武装起义的总方针，并把在湘、鄂、赣、粤等群众基础较好的省份发动农民举行秋收暴动，作为当时最主要的任务。11月初，中共黄麻特委在黄安七里坪文昌宫召开黄麻两县党的活动分子会议，成立了黄麻起义行动指挥部，汪奠川是行动指挥部的领导成员之一。11月13日，起义指挥部一声令下，黄安麻城两县革命武装举行了声势浩大的黄麻秋收起义，汪奠川指挥农民自卫军一举攻下了黄安县县城。

黄麻起义胜利后，中共黄麻特委根据中央和省委指示，将黄麻两县农民自卫军改编为中国工农革命军鄂东军，黄安农民自卫军编为第一路，麻城农民自卫军为第二路，徐海东率领的河口农民自卫军也编入了鄂东军，汪奠川担任鄂东军参谋长。

12月5日夜，国民党任应歧部一个师突袭黄安县城，鄂东军与敌激战4个多小时，终因敌我力量悬殊，城门被突破，潘忠汝等英勇战死，汪奠川和鄂东军其他领导人一道率领部分战士冲开一条血路突围出城。

12月下旬，党组织和鄂东军领导人吴光浩、戴克敏、曹学楷、汪奠川、戴季英、吴焕先等在木城寨举行会议，决定将主力转移到黄陂木兰山开展游击战，留少数人就地坚持革命斗争。

1928年1月1日，工农革命军鄂东军改编为工农革命军第七军，吴光浩任军长，戴克敏任党代表，汪奠川任参谋长、第七军党务委员会委员。

1928年1月23日，时值大年初一，家家户户都在过年，反动民团也放松了戒备。汪奠川指挥第七军趁机攻克木兰山东南的地方反动武装据点罗家岗，消灭了盘踞在那里的反动民团。

1928年3月初，第七军领导人决定将部队分成4个分队，隐蔽活动，以便开展游击战。汪奠川率领一个队活动在黄陂、孝感一带，采取"昼伏夜动,远袭近止,绕南进北,声东击西"的游击战术,神出鬼没地打击敌人,取得多次胜利,并在斗争实践中摸索出一套行之有效的游击战术。

1928年3月下旬的一天,在黄陂汪家西湾为部队筹款时,汪奠川遭敌军包围,壮烈牺牲。

汪乃贵
智勇骁将

汪乃贵　少将

安徽金寨人　1905—1991.6.6

简历

　　1905 年，出生于安徽省金寨县。

　　1928 年 8 月，加入中国共产党。

　　1929 年，参加红四方面军。曾任商城独立团连长，历任连长、副营长、营长、副团长、团长。

　　1933 年，任红四方面军主力红四军第十师的师长。

　　1933 年，任红三十军第九十师师长，后又任红三十军第八十九师师长。参加了鄂豫皖、川陕苏区的反"围剿"斗争和长征。

　　1936 年 6 月起，先后入抗日红军大学和抗日军政大学学习。抗日战争全面爆发后，任八路军第一二九师三八五旅七六九团副团长。

　　1937 年 10 月，与团长陈锡联指挥夜袭阳明堡战斗，毁伤日军飞机 24 架。同年底任第 129 师游击支队支队长。

　　1938 年起，任第三八五旅副旅长，东进纵队第八支队司令员，新编第十旅副旅长，参加了晋东南反"九路围攻"和"百团大战"。

1943 年，入中共中央党校学习。

1944 年 11 月，随八路军南下支队挺进湘粤边。后任湘鄂赣军区第四分区司令员，新四军第五师十三旅副旅长，参加开辟湘赣边抗日根据地和中原突围。

1947 年，任华东野战军第十二纵队三十五旅旅长，先后参加宿县之战、涟水战役、济南战役、淮海战役、渡江战役等。后任赣东北军区副司令员。

中华人民共和国成立后，任贵阳警备区司令员，公安第八师师长，贵州公安总队总队长。

1954 年 12 月—1964 年 5 月，任贵州省军区副司令员。

1955 年，被授予少将军衔。

1991 年 6 月 6 日，在武汉病逝。

荣誉和社会兼职

- 第五届全国政协委员
- 曾获一级八一勋章、一级独立自由勋章、一级解放勋章
- 1988 年 7 月被中央军委授予中国人民解放军一级红星功勋荣誉章

汪德昭
中国水声事业奠基人

汪德昭　物理学家、大气电学家、水声学专家、中国科学院院士

江苏灌云人　1905.12.20—1998.12.28

简历

1905 年,出生于江苏省灌云县。

1919 年,就读于北京师范大学附属中学。

1923 年,升入北京师范大学物理系。

1929 年,毕业留校任助教并任志成中学等校数学、物理教师。

1933 年,赴比利时留学,入布鲁塞尔大学。

1934 年,赴法国留学,入巴黎大学。

1938 年起,在法国国家科研中心工作,历任副研究员、专任研究员、研究指导。

1939—1940 年,任法国国防第五研究组研究员。

1940 年,获法国国家博士学位,并在郎之万试验室研究。

1943—1947 年,任法国石英公司顾问。

1946 年,应英国文化协会邀请访问英国,为访问教授。

1947—1948 年，被聘为法国原子能委员会顾问。

1956 年，回国。

1957 年，任中国科学院原子能研究所九室主任兼器材局局长。

1958 年，任中国科学院电子学研究所水声研究室主任兼副所长、一级研究员。

1960 年，加入中国共产党。

1962 年，任国务院科学规划委员会原子能组组员、仪器组组员。

1964 年起，任中国科学院声学研究所所长、学术委员会主任委员、国防科委水声领导小组副组长、水声组学术委员会主任委员。

1957 年，当选为中国科学院数理化学部委员（院士）。

1998 年 12 月 28 日，逝世。

成就与贡献

汪德昭所从事的大气中大小离子平衡态的研究成果，被国际物理学界认为是"目前普遍接受的郎之万—汪德昭—布里加理论"。

1956 年 12 月，汪德昭毅然放弃法国的优越生活，回到阔别 23 年的北京，从此，将其一生奉献给了祖国的建设事业。

汪德昭开创了中国水声学和国防水声学研究，创建、组织和直接领导了相关研究工作，开拓了中国国防水声学事业，制定了中国水声学的研究发展战略。他领导实施了水下预警体系，完成了多种国防和民用水声先进设备的研制，为国民经济建设、国防安全和社会进步做出了重要贡献。

他创建和发展了中国第一支水声科技队伍，对待青年人爱护备至，诲人不倦，几十年如一日，为国家培养了一大批水声学研究人才，其中有三位学生已成为中国科学院院士。

他一生的研究工作不仅使我国的水声科学研究工作从无到有，而且在推动我国海军现代化建设、维护国家安全和海洋权益方面也发挥了重要的作用。

荣誉和社会兼职

- 获法国声学学会最高奖章
- 获巴黎荣誉市民勋章
- 获国防科工委"献身国防科技事业"荣誉证章
- 获法国总统颁发的军官级荣誉军团勋章等多种重要科学奖励
- 1968年以来三次受瑞典科学院之邀推荐诺贝尔奖候选人
- 中国科学技术大学兼职教授，中国科学院归国华侨联合会荣誉主席
- 《科技导报》顾问编委
- 中国物理学会副理事长、中国仪器仪表学会理事长、中国海洋学会副理事长、中国电子学会理事、中国医学影像技术研究会名誉会长、欧美同学会常务副理事长、留法同学会理事长
- 法国物理学会和声学学会会员
- 英国《低频振动与噪声学报》编委
- 联合国教科文组织知名科学家小组成员
- 第一、二、三、四届全国人大代表，五、六届全国政协常委，第七届全国政协委员

著作

- 著有《水声学》《汪德昭文集》等；
- 发表有《空气中悬浮质点的计数》《悬浮质点的大小》《气体中大小离子的平衡态》《用放射性示剂测量超声波速度》《大离子迁移率的分布法则》《空气中离子的迁移率》；
- 《理论物理丛书》副主编，《中国大百科全书·物理学》之"振动、波、声学"分部主编，《中国科技史料》主编。

汪克明
军旅之星

汪克明　开国少将

湖北阳新人　1906—1994.1.17

生平

1906 年,出生于湖北省阳新县。

1928 年,加入中国共产党,同年参加中国工农红军。

第二次国内革命战争时期,历任湖北阳新金龙区游击队员,红四方面军第三师七团班长,八团连政治指导员,湘鄂赣军区独立营营长,湘鄂赣红十六师司令部参谋,第四十六团营政治委员,师政治部组织科科长。坚持了三年游击战争。

抗日战争时期,任新四军第一支队一团营政治教导员、团政治处主任,第一师三旅七团政治委员,苏北军区第四军分区警卫团政治委员。

解放战争时期,任晋察冀野战军第二纵队留守处主任,纵队后勤部政治委员,第四纵队政治部组织部副部长、纵队卫生部政治委员、纵队政治部组织部副部长、部长。

朝鲜战争时期,任第十九兵团政治部组织部副部长,中国人民志愿军兵团组织部部长、干部部副部长。

回国后任原北京军区军事检察院检察长。

1955 年，被授予少将军衔。

1994 年 1 月 17 日因病逝世。

荣誉和社会兼职

- 中国共产党第七次全国代表大会代表
- 荣获二级八一勋章、二级独立自由勋章、一级解放勋章
- 获朝鲜二级国旗勋章、一级自由独立勋章
- 1988 年 7 月被中央军委授予中国人民解放军一级红星功勋荣

誉章

汪菊潜
中国桥梁技术的奠基人

汪菊潜　铁路桥梁工程专家、土木工程专家、中国科学院院士

安徽休宁人　1906.12.29—1975.2.27

简历

1906 年 12 月 29 日,出生于上海。

1926 年,毕业于唐山交通大学,后赴美国留学,入康奈尔大学,获土木工程硕士学位。后在美国桥梁公司任设计工作。

1930 年,回国,任铁道部工务司设计科技士。

1934 年,任粤汉铁路株韶段分段长、副工程师。

1936 年,调任铁道部工务司;同年 9 月,任铁道部沧石铁路工程局局长。后历任滇缅铁路工程局工务课课长,叙昆铁路局工务课课长,四川綦江铁路工程处副总工程师,兼副处长和中国桥梁公司副总工程师。

1945 年,由交通部派赴美国考察铁路一年。

1946—1949 年,回国后仍在中国桥梁公司工作,被借到行政院工程计划团工作半年,后担任中国桥梁公司上海分公司经理。

1949 年 8 月,被任命为上海铁路局工务处处长。

　　1950—1954 年，担任铁道部工程总局副局长。

　　1954—1958 年，担任武汉长江大桥工程局总工程师。

　　1955 年，当选为中国科学院学部委员（院士）。

　　1958—1959 年，任铁道部科学技术会议副主席，铁道部科学技术委员会副主任。

　　1959—1975 年，担任铁道部副部长。

　　1975 年 2 月 27 日，逝世于北京。

成就与贡献

　　1930 年 6 月，汪菊潜拒绝了美国桥梁公司的高薪聘请，毅然回国工作。

　　回国之初，汪菊潜受到工程界前辈萨福均的器重。时值南京火车轮渡北岸栈桥工程进展缓慢，他被选派前去主持工作，并凭着过人的才智、坚强的意志和精湛的技术，克服了泥质沙土、急流冲击的困扰和外国人的阻挠，加快了施工进度，出色地完成了任务，受到铁路工程界的重视与称赞。

　　抗日战争爆发后，在敌机轰炸沪宁铁路时，他多次冒着生命危险抢修桥梁。日军紧逼南京，他随部迁至汉口，后在云南滇缅铁路工程局、叙昆铁路局、四川綦江铁路工程处参与了很多条铁路的修筑，为我国的铁路建设，也为当时的抗战做出了重要贡献。

　　新中国成立前夕，他正在台湾承做工程，当他在报上看到人民解放军渡过长江的消息后，即乘飞机返回上海迎接黎明。他同茅以升一道为保全中国桥梁公司和所属工厂以及钱塘江大桥工地的人员和财产做出了贡献。他在主持修复沪杭、浙赣铁路期间，不但出色完成了任务，还为抢修津浦、淮南、陇海各线的桥梁制造了所需构件，有力地支持了中国人民解放军进军南方和西北。由于卓越贡献，他在 1950 年和 1951 年分别被评为全国工农兵劳动模范和全国铁路劳动模范。

他是中华人民共和国桥梁技术的开拓者、奠基人之一，为铁路及桥梁建设、人民大会堂建造、中南海怀仁堂大修加固、首颗原子弹爆炸固定装置结构安全、桥梁建设人才培养做出重要的贡献。

2013 年 11 月，武汉长江大桥建设功勋汪菊潜铜像落成，铜像位于武汉汉阳区汉阳大道 38 号的中铁大桥局机关广场上。青铜胸像的基座是从山中采集的整块花岗岩，铜像连基座整体身高 2.5 米，宽 1.12 米，厚 0.8 米。

荣誉和社会兼职

- 第一、二、三届全国人大代表
- 中华全国总工会第八届执行委员
- 中国土木工程学会副理事长

汪金祥
情报系统的"虎将"

汪金祥　领导干部

江西弋阳人　1907—1983.1.16

简历

1907 年,出生于江西省弋阳县。

1928 年初,参加了方志敏、黄道、邵式平等发动的"弋横起义"。

1928 年,加入中国共产党。

1932 年春,任赣东北省政府第一副主席兼政治保卫局局长。

1932 年冬,任赣东北省委组织部部长。

1933 年,任闽浙赣省省政府第一副主席。

1934 年 1 月,当选苏维埃中央执行委员会委员。

1937 年 10 月,于延安中央党校第十三期学习班学习,此后历任西北旅社经理、中共中央社会部第二室副主任、中央社会部第二部(敌区工作)部长、中央社会部办公室主任等职。

1945 年 11 月,任东北局社会部长兼沈阳市委锄奸委员会主任。

1946 年 4 月,兼任长春市公安总局局长。

1949 年 5 月，任东北公安部部长，兼东北公安军司令员、政委。

1952 年 10 月，任中共中央东北局常委。

1953 年初，任东北行政委员会副主席兼东北政法委员会主任。

1954 年 8 月，奉调回京，任公安部党组成员、副部长。

1965 年 6 月，兼任中共中央监察委员会驻公安部监察组组长。

"文化大革命"期间受迫害。

1976 年 10 月，彻底平反后，任公安部副部长。

1977 年 7 月，任公安部顾问。

1983 年 1 月 16 日，因病在北京逝世。

成就与贡献

汪金祥于 1928 年加入中国共产党后参与领导了赣东北革命根据地的各项建设和历次反"围剿"斗争，成为方志敏的得力助手。

1945 年，奉命率领南方干部第一大队 180 多人奔赴沈阳，任东北局社会部长兼沈阳市委锄奸委员会主任，负责整治沈阳市内极度混乱的治安局面。

在东北治安、防谍，尤其是派遣情报人员隐蔽战线斗争中，汪金祥领导的情报部门立下奇功。其所领导的情报部门后又在辽沈战役中起到重要作用。

1953 年起，汪金祥任东北行政委员会副主席、政法委员会主任、公安局局长、最高人民检察署东北分署检察长。保卫经济建设，打击国民党党团特务；保卫毛泽东赴苏联谈判的绝对安全；改造日本战犯和伪满汉奸；配合抗美援朝，稳固比东北后方的政治。他在各方面做出了不可磨灭的卓越贡献。

社会兼职

- 中共七大、八大代表
- 第一届全国政协代表
- 第四、五届全国政协常委

汪绍训
中国放射学奠基人

汪绍训　临床放射学家、临床医学教育家

江苏常州人　1907.10.16—1986.6.4

简历

1907 年,出生于江苏常州。

1912—1922 年,在小学和家塾学习。

1923—1925 年,在苏州振声中学学习。

1925—1926 年,在苏州东吴大学理学院生物系医学预科学习。

1926—1928 年,在北京燕京大学医学预科学习。

1928—1933 年,在北京协和医学院学习并毕业,同时获美国纽约州立大学医学院医学博士学位。

1933—1934 年,任北京协和医院内科住院医师。

1934—1939 年,任北京协和医院放射科住院医师,北京协和医学院放射学助教、讲师。

1939—1940 年,在美国明尼苏达大学及宾夕法尼亚大学附属医院进修。

1940—1942 年,任北京协和医学院放射科助理教授。

1942—1943 年,任北平清源医院放射科医师。

1944—1948 年,任河北省唐山市开滦矿务局医院院长兼内科和放射科主任。

1949 年,任北京大学医学院(后北京医科大学、北京大学医学部)放射学教授,兼任北京医学院附属第一医院(北大医院)、北京中央医院(后北京大学人民医院)和北京协和医院的放射科主任、兼职教授。

1950—1952 年,任中华医学会放射学会副主任委员。

1952—1985 年,任中华医学会放射学会主任委员、中华医学会常务理事。

1953—1986 年,任《中华放射学杂志》总编辑。

1985—1986 年,任中华医学会放射学会名誉主任委员。

1986 年 6 月 4 日,于北京逝世。

成就与贡献

在美国留学期间,汪绍训以优异的成绩通过了美国放射学专家证书考试,成为中国第一位取得美国放射学专家学会会员资格的人。他毅然放弃了在美国生活、工作的机会,于 1940 年回到北平,从事放射学的临床和教学工作 30 余年。

1956 年,汪绍训代表中国出席了在瑞典召开的第五届国际放射线生物学会议,这是中国放射学界第一次参与国际学术活动。

汪绍训一生进行了大量的科学研究工作。他处处从中国的临床实际出发,用适合中国情况的方法解决危害中国人民健康的常见病、职业病、流行病的 X 线诊断问题。在中国,他首次把肺癌的组织类型与 X 线征象相关联,为进一步治疗提出了指导性意见。

汪绍训吸取国外的先进经验,与中国临床放射学前辈谢志光长期合作，提出适合中国人应用的计算心脏横径和心表面积的公式，并制成便于查对的"心表面积预计值表"，该公式被学术界称为"汪-谢公式"。

汪绍训首先在中国开展肺吸虫病的 X 线诊断研究，阐明该病的 X 线诊断特点。他关心劳动人民的疾苦，远在 20 世纪 30 年代赴美深造时，就特别注意学习危害矿工的职业病的诊断。他在原有的基础上进一步总结经验，结合国际通用的硅肺诊断标准，起草了中国新的尘肺诊断标准。

汪绍训是中国临床放射学先驱之一，临床医学教育家。他学识渊博，医技精湛，思维敏捷，对放射治疗有很深的造诣，为中国临床放射学事业培养了大批专业骨干人才。

荣誉和社会兼职

- 美国医学影像学会荣誉会员
- 被 *Who Is Who in the World*（《世界名人录》）多次推选为"世界名人"
- 中华医学会放射学会主任委员
- 中华医学会常务理事
- 《中华放射学杂志》总编辑

著作

- 多次主持起草和修订中国的硅肺诊断标准；
- 著有《放射资料选集》《X 线诊断资料汇编》等；
- 主编《放射诊断学》《中国医学百科全书·X 线诊断学》等；
- 翻译包括《原子医学》在内的许多著作。

汪振儒
中国树木生理学奠基人

汪振儒（曾用名：汪燕杰）　树木生理学家、植物学家、林业教育家

广西桂林人　1908.5.8—2008.6.24

简历

1908 年，出生于北京。

1925 年，毕业于北京师范大学附属中学后，考入清华大学生物系。

1927 年，转入厦门大学生物系。

1928 年，回到清华大学生物系，1929 年毕业，获理学学士学位。

1929 年，在南京生物研究所当研究助理。

1930 年，在清华大学生物系任助教。

1933 年，被广西大学（梧州）聘为理学院生物系讲师。

1935 年，赴美国留学，入康奈尔大学林业系攻读，获硕士学位。

1936 年 6 月，入杜克大学林学院从事森林生态研究。

1937 年，获博士学位。

1937 年 7 月，回国，在广西大学农学院森林系任教授，后兼任系主任，并兼任广西大学植物研究所主任。

1943 年，任广西农学院院长。

1946 年 9 月—1949 年 9 月，被聘为北京大学农学院教授兼森林学系主任。

1949 年 9 月—1952 年 8 月，转任北京农业大学森林学系教授。

1952 年 9 月，调任北京林学院教授，并先后兼任林业系主任、绿化系主任、科研部主任、图书馆馆长、校学术委员会主任等职。

1956 年 10 月，加入农工民主党。

1989 年 10 月，离休。

2008 年，逝世于北京。

成就与贡献

汪振儒大学毕业后，即从事水生植物群落的研究工作。在清华大学任教期间，他又从事淡水藻类的研究。他在广西大学工作期间，采集了大量的植物标本，为日后的教学与科研工作奠定了基础。抗战胜利后，在担任北京大学农学院教授兼森林学系主任期间，他曾在农学院院址周围开展土壤等立地条件的调查。1947 年，他又开展了水杉种子发育的试验与研究。他调到北京林学院后，亲自讲授"植物生理学"，并编写了中国第一部适用于林业专业的《植物生理学讲义》，还正式出版了适用于林业院校的教材《植物生理学》，此举具有深远的影响。

在教书育人方面，汪振儒早在 20 世纪 60 年代就培养了多名研究生。20 世纪 80 年代，他又成为中国林学专业第一个博士研究生导师。在他的努力下，北京林业大学的树木生理学学科在全国林业高等院校中处于领先地位。

半个多世纪以来，汪振儒除致力于教书育人和科学研究外，还以很大精力从事期刊与辞典的编纂工作。

荣誉和社会兼职

• 农工民主党第八届中央委员会候补委员、第九届中央委员会委员、中央咨监委员

• 1985 年、1989 年相继任农工党中央科教文工作委员会委员、顾问

• 中国植物学会副理事长兼副秘书长，中国植物生理学会理事，中国林学会理事

• 《中国植物学杂志》《生物学通报》《北京林学院学报》（后更名为《北京林业大学学报》）、《森林与人类》主编

• 《林业科学》副主编

• 《植物生态学与地植物学资料丛刊》常务编委

著作

• 著有《植物生理学》《现代高等植物分类学发展的某些情况》《美国林业教育管窥》等；

• 译有《创造性的达尔文主义是森林抚育采伐的科学基础》《德国北部冲积区土壤改良的方法》《在天然条件下研究光合作用而进行的辐射测定》；

• 与人合译有《植物学夏季野外实习》《树木生理学》；

• 与人合译并校审《德汉林业名词》《FAO 英汉林业科技辞典》并补译了《FAO 英汉林业科技辞典》的修订本；

• 组织教师翻译、出版《木本植物生理学》。

汪 猷
中国生物有机化学的先驱者

汪猷（字君谋） 有机化学家、生物化学家，中国科学院院士

浙江杭州人 1910.6.7—1997.5.6

简历

1910 年，出生于浙江杭州。

1926 年，毕业于浙江省立甲种工业学校应用化学系。

1926 年 9 月—1931 年 7 月，就读于金陵大学工业化学系，获理学士学位。

1931 年 9 月—1935 年 8 月，于北京协和医学院就读生物化学研究生。

1935 年 10 月—1937 年 12 月，于德国慕尼黑大学化学研究所攻读有机化学科学博士。

1938 年 9 月—1939 年 3 月，于德国威廉皇家科学院医学研究院化学研究所任有机化学研究员。

1939 年 4 月—1939 年 7 月，于英国伦敦密特瑟斯医学院考陶尔生化研究所任有机化学研究员。

1939 年 9 月—1942 年 1 月，于北京协和医院生物化学科生物有机化学讲师、助教。

1942 年 4 月—1947 年 8 月，于上海丙康药厂生物有机化学厂任厂长、研究室主任。

1947 年 1 月—1949 年 7 月，于上海医学院任生物有机化学教授。

1947 年 9 月—1949 年 12 月，任职于中央研究院生物有机化学研究员医学研究所筹备处。

1950 年 1 月—1952 年 11 月，于中国科学院生理生化研究所任生物有机化学研究员。

1952 年 11 月—1978 年 5 月，先后任中国科学院上海有机所生物有机化学研究员、副所长、代理所长。

1955 年，当选为中国科学院学部委员（院士）。

1961 年，加入中国共产党。

1978 年 6 月—1984 年 7 月，先后任中国科学院上海有机所生物有机化学所所长、中国科学院上海分院副院长。

1984 年 7 月—1997 年 5 月，任中国科学院上海有机所生物有机学研究员、名誉所长。

1984 年，当选为法国科学院外籍院士。

1988 年，当选为德国巴伐利亚科学院通讯院士。

1997 年 5 月 6 日，逝世。

成就与贡献

汪猷是我国抗生素研究和生产的奠基人之一，是"人工全合成结晶牛胰岛素"和"酵母丙氨酸转移核糖核酸的人工全合成"两个协作研究项目的主持人之一，长期领导组织了天花粉蛋白结构的研究，并参与领导酵母丙氨酸转移核糖核酸全合成工作、模拟酶的研究和青蒿素的生物合成化学研究。

他早期从事十四乙酰藏红素的全合成以及性激素、抗生素和碳水化合物化学等研究,系统地研究了链霉素和金霉素的分离、提纯以及结构和合成化学。在淀粉化学方面,汪猷创制了新型血浆代用品。他所建立的石油发酵研究组产出多项成果,在当时国际上居于前列。

汪猷在 60 多年的科研生涯中建树颇丰,他在甾体化学、抗生素化学、糖类、多肽、蛋白质、核酸化学和生物催化等领域都有卓越的贡献。

荣誉和社会兼职

- "牛胰岛素人工全合成"项目(合作)获国家自然科学奖一等奖
- "酵母丙氨酸转移核糖核酸的人工全合成"项目(合作)获国家自然科学奖一等奖
- "天花粉蛋白的化学——一级结构,二级结构,空间结构研究"获国家自然科学奖二等奖
- "石油酵母——蛋白质饲料"获中科院重大成果一等奖
- "酰基咪唑在核糖核苷酸酰化反应中的应用"获中科院重大成果二等奖
- "新型代血浆羧甲基糖淀粉"获全国科学大会奖
- 第二届全国政协代表
- 第二、三、五届全国人大代表
- 《核酸研究》编委
- 《四面体》《四面体通讯》名誉编委

著作

发表有《抗生素橘霉素》《橘霉素的比色测定法》《双氢橘霉素》《橘霉素及其衍生物的结构和抗菌素的活力》《橘霉素在体外对结核丝杆菌的作用》《关于链霉素化学的几个问题》《链霉素结构中链糖式键构型问题》、*The Total Synthesis of Crystalline Insulin*、*A Total Synthesis of Yeast Alanine Transfer RNA* 等。

汪雅臣
东北抗日联军英烈

汪雅臣（别名：汪景龙） 烈士，生前为东北抗日联军第十军军长

山东蓬莱人 1911—1941.1

简历

1911年，出生。

幼年时，因家乡连年受灾，随家人闯关东，在黑龙江省五常县（今五常市）民意乡落脚。

1926年，在苇河县当伐木工人。

1929年，入东北军第二十六旅第三十四团当兵。

1931年九一八事变后，汪雅臣所在部队降日。不甘做亡国奴的他，率领部分士兵赴五常虹牛河一带进行抗日，组织双龙抗日队伍。

1934年，在五常南尖山子召开抗日武装大会，成立东北反满抗日义勇救国军。

1936年春，经中共珠河中心县委研究决定，将汪雅臣部改编为东北人民革命军第八军，汪任军长。不久，汪雅臣加入中国共产党。

1936年9月，经中共满洲省委批准，第八军改编为东北抗日联军第十

军,汪雅臣任军长。

1937年,抗日战争全面爆发后,指挥东北抗联军第十军在五常、舒兰地区抗日。

1940年,第十军缩编为东北抗联第八支队,汪为支队长,属抗联第二路军领导。

1941年1月29日,遭日伪军包围,激战后牺牲,年仅30岁。敌人残忍地将他的遗体拉到五常县城"示众",并将其头颅割下藏匿。

成就与贡献

汪雅臣,东北抗日联军优秀指挥员。九一八事变后,成立抗日山林队,任队长。1934年2月接受中国共产党联合抗日主张,联络召集各山林队成立反满抗日救国义勇军,被推为首领。1935年加入中国共产党。1936年,他的部队先后被改编为东北人民革命军第八军、东北抗联第十军,汪雅臣任军长。之后他率部转战五常、舒兰、榆树等地,沉重打击了日军的嚣张气焰。

据不完全统计,从1933年至1940年的8年中,汪雅臣率领部队同日伪军进行大小战斗400余次,其中较大的战斗40余次,共击毙日军1003人,其中中将师团长1人,击毙伪军100余人;击伤日伪军700余人,俘虏日军20余人,伪军4人;缴获各种枪支1800余支,其中机枪29挺、步枪1500余支、手枪5支;缴获子弹91箱和2麻袋、迫击炮1门;缴获马27匹、牛12头,粮食100余石,现款9000余元,其他物资折价9万余元;解救劳工120人和9名被押爱国者。

汪雅臣作战时身先士卒,他的眼睛、右臂、腿曾九次负伤,但他仍然带伤坚持工作和战斗。

1946年五常县解放后,人们为了缅怀这位抗日英雄,将沙河子镇蛤蜊河子村命名为"双龙村",将五常镇的南北大街改为"雅臣大街"。

1948 年，五常县民主政府维修老监狱时，在地下发现了烈士的遗首，送至哈尔滨东北烈士纪念馆保存。五常县人民在汪雅臣将军牺牲地竖立了纪念碑。

汪洪清
开国少将

汪洪清（曾用名：汪宏清）　开国少将

湖北汉阳人　1911.6.2—1990.12.22

简历

1911 年 6 月 2 日，生于湖北省汉阳县（今武汉市汉阳区）鹦鹉洲瓜堤河街。

1922 年—1931 年 9 月，在湖北裕华纱厂当童工、工人。

1926 年，受进步思想影响，加入中国共产主义青年团，在党的领导下参加罢工等革命活动。

1931 年 10—12 月，在国民革命军第二十六路军当兵。12 月由宁都起义参加中国工农红军，任红五军团第十五军交通队战士、宣传员。

1932 年 2 月，加入中国共产党，5 月任红五军团第十五军政治部青年干事。

1933 年 2 月，任红五军团第十三师第三十七团第三营连政治指导员。

1933 年 11 月—1934 年 3 月，在中央苏区马克思共产主义大学高级班学习。

1934 年 7—9 月，任第五军团第十三师第三十七团政治委员。

1935 年 1—12 月，任红九军团政治部敌工部部长等职，参加中央革命根据地第四、第五次反"围剿"斗争和红军长征。

1935 年 9 月，随红九军团留在红四方面军。

1936 年 1—4 月、1936 年 11 月—1937 年 8 月，任红四军政治部敌军部部长。

1936 年 4 月起，任红四军第十师政治委员，同年 11—12 月任红四军第十师政治部主任。

1937 年 8 月—1938 年 3 月，在中国人民抗日军政大学第二大队第四队学习。

1938 年 4—7 月，任中央军委原总政治部组织科科长。

1938 年 8 月—1940 年 8 月，任中共陕西省委军事部副主任，做友军工作。

1939 年 9 月，任陕西省委教导营营长兼政治委员。

1940 年 9 月，在中共中央党校学习。

1941 年 9 月—1943 年 5 月，任陕甘宁边区关中分区警卫第三团政治委员等职。

1943 年 5 月，进中共中央党校一部学习。

1945 年 4—6 月，作为陕甘宁边区代表团成员参加中共七大。

1945 年 11 月—1946 年 5 月，任晋冀鲁豫军区第二纵队第五旅副政治委员。

1946 年 5 月，任晋冀鲁豫军区第二纵队教导队政治委员，8 月，任冀南军区独立第四旅副政治委员。

1947 年 12 月—1948 年 8 月，任晋冀鲁豫新兵部队司令员。

1948 年 9 月，任桐柏军区汉南军分区副政治委员。

1949 年 2 月，任江汉军区汉南军事指挥部副政治委员。在襄阳敌众我寡的情况下,冲出重围,还攻占谷城,受到大军区首长的表扬。

1949 年 5—8 月,任襄阳军分区副政治委员。

1949 年 8 月—1951 年 8 月,任河南省军区许昌军分区副政治委员,参加安阳战役等。

1951 年 9 月—1952 年 6 月,任空军第二十四师政治委员。

1952 年 8 月—1955 年 7 月,任河南商丘军分区司令员、军分区党委委员(至 1955 年 2 月)。其间,1953 年 6 月—1955 年 2 月,进中南军区速成中学学习。

1955 年 3 月—1958 年 4 月,任河南信阳军分区司令员。

1955 年,被授予少将军衔。

1958 年,响应党中央关于军队干部支援地方经济建设的号召,转业到地方工作。

1958 年 5 月起,历任河南省纺织工业管理局副局长、党分组副书记、党委书记等职,致力于河南省纺织工业的建设和发展。

"文化大革命"中遭迫害。

1983 年,离休后担任老干部党支部书记。

1990 年 12 月 22 日,因病逝世。

成就与贡献

土地革命战争时期,汪洪清任红五军团十五军政治部干事,第十三师三十七团连政治指导员、团政治委员,红九军团敌军工作部部长,红四军敌军工作部部长,第十师政治部主任,红四军政治部统战部部长。他还参加了中央苏区反"围剿"和长征。

抗日战争时期,任军委原总政治部组织科科长,八路军一一五师留守处副主任,关中警备司令部保安三团政治委员。

解放战争时期,汪洪清任晋冀鲁豫军区二纵五旅副政治委员、教导队政治委员，独立四旅副政治委员，晋冀鲁豫军区新兵总队司令员，汉南军分区副政治委员，许昌军分区副政治委员。他还参加了安阳战役等。

　　中华人民共和国成立后，汪洪清先后任中国人民解放军空军师政治委员、河南省军区商丘军分区司令员、许昌军分区司令员、河南省纺织工业管理局副局长。

荣誉和社会兼职

- 1960年被河南省纺织工业管理局评为一等劳动模范
- 河南省第五届政协常委，第五届全国政协委员
- 获二级八一勋章、二级独立自由勋章、二级解放勋章

汪海粟
军政兼备的杰出领导

汪海粟　领导干部

江苏靖江人　1912.1—1993.5.16

简历

1912 年，出生。

1927 年，参加共青团。

1928 年，毕业于泰兴中学。

1936 年，入党。

1937 年，毕业于同济大学工学院。

1939 年，担任新四军政治部宣传科长。

1941 年，任苏皖边区一专署秘书长等职。

1949—1951 年，出任苏南区党委宣传部部长兼秘书长。

1952 年，任南京工学院院长兼党委书记。

1958 年 8 月起，历任南京机床厂副厂长、厂长，南京市工业部副部长兼机电局长。

1962 年恢复原级别。

1967 年出任江苏省计委副主任、党组副书记。

"文化大革命"中受迫害。

1972 年，平反复出，任江苏省革委会副主任兼省计委主任。

1979 年，兼任江苏省委常委、副省长、省委宣传部部长和省计委主任。

1993 年 5 月 16 日，逝世。

成就与贡献

汪海粟从小便接受了较好的教育，并先后就读于泰兴中学、同济大学工学院。从高小、中学到在同济大学电机系求学的学生时代，他一直投入学生救亡活动，并参与组织了上海一二·九学生运动。

汪海粟出任南京工学院首任院长后，精简校内组织，严格控制会议；规定教师每周必须有六分之五时间用于教学；凡参加校外活动，必须经院长批准；学生不得无故缺课。

汪海粟认为办好学校的关键在于依靠教师，要充分调动教师的积极性。他让人事处整理正副教授每人 500 字的简况，他频繁地和他们接触，并上门访问，了解他们的思想和生活情况，征求办学意见。他重视人才，对于背景清晰、具有真才实学的老教师，不分党内外，根据需要分别提拔为院、系和教研室的负责人，用人唯贤，使得学校老师们人尽其才。同时大力提倡尊师，不许学生以片面的意见干预教学和任意指责教师；要求青年教师尊敬老教师，互相学习；教育党团员要尊重党外人士和非党员的领导。汪海粟要求行政部门及职工积极面向教学，努力为搞好教学创造条件。

同时，汪海粟大力开展教学改革，组织教师们编写了和现代新科技相接轨的新教材，用 4 年时间开出南京工学院 256 门新专业课和基础课，大力扩充和添置实验设备。在他的带领下，教学方法进行相应改革，教学质量不断提高，科研工作开始起步；汪海粟还和数十家大型国营工厂企业签订协议，加强协作，让这些企业成为学生生产实习的基地，使学生能在毕业前掌握一定的生产技能。

汪海粟坚持德智体并重的教育方针，每学期都要对全校学生作几次报告，因其报告深入浅出、精辟生动、富有哲理而深受学生欢迎。他十分重视体育工作，组织学生积极参加劳卫制锻炼，实施既久，学生体质普遍提高。

1953—1957 年，在汪海粟的领导下，南京工学院创造了第一个黄金时期。

此外，汪海粟还参与领导了扬子乙烯、仪征大化纤、南京钢铁厂等一批重点项目建设。

汪堃仁
中国组织化学的开拓者

汪堃仁 生理学家、细胞生物学家、中国科学院院士

安徽休宁人 1912.4.23—1993.9.18

简历

1912 年,出生于湖北省嘉鱼县。

1928 年,中学毕业,考入北京师范大学预科,结业后转入生物系。

1934 年,大学毕业后,留校任助教。

1937 年夏,入北平协和医学院生理系研究,任生理学助教。

1939 年 9 月,赴陕西省城固县,在西北师范学院(前北平师范大学)生物系任副教授,翌年升教授。

1946 年,随校迁返北京。

1947 年 7 月,入美国伊利诺伊大学医学院生理研究所为研究学者。

1949 年,获美国伊利诺伊大学医学院硕士学位。

1949 年 7 月,回国,任北京师范大学生物系教授。

1952 年,全国高校院系调整,被任命为北京师范大学生物系主任。

1953 年,兼任中央卫生研究院生理系研究员及病理系主任。

1956 年 3 月，加入中国共产党。

1957 年，被聘为国务院科学规划委员会生物组组员和科学技术委员会生物组组员。

1963 年，被聘为卫生部医学科学委员会生理专题委员会委员。

1975 年，调往北京市肿瘤防治研究所，任细胞生物学研究室主任，兼副所长。

1979 年，当选为中国细胞生物学学会副理事长。

1980 年，回北京师范大学，任生物系主任。

1980 年，当选为中国科学院学部委员（院士）。

1981—1983 年，任北京师范大学生物系教授兼系主任。

1983 年起，任北京师范大学生物系教授。

1993 年 9 月 18 日，病逝于北京。

成就和贡献

汪堃仁发现，刺激狗迷走神经中枢端后，脑垂体后叶细胞发生变化，证明脑垂体后叶细胞中颗粒为其分泌产物；发现腺苷三磷酸（又称为三磷酸腺苷，ATP）酶在胃黏膜壁细胞内呈特异性阳性反应，以及其与胃泌酸的关系；与合作者发现对以丙种球蛋白 14 mL 注入大鼠体内产生的中毒现象有预防作用；发现肿瘤临床验方复方中草药与单方猪苓提取物对癌细胞的增殖均有抑制效果；证明细胞内环腺苷酸（cAMP）水平升高与细胞质内 cAMP 磷酸二酯酶受到抑制有关；发现正常细胞和肿瘤细胞的细胞周期的间期内和有丝分裂期中微管分布以及正常细胞与肿瘤细胞内微管分布的差异。

汪堃仁从 20 世纪 80 年代起开展了癌变原理和肿瘤细胞生物学基础理论的研究。曾在有关环核普酸与细胞的调控作用方面写过和译过一些文章，并在国内许多学术会议上作过报告，对开展 cAMP 对癌细胞的抑制作用的研究起了倡导和促进作用。

汪堃仁从事科学研究数十年，他在垂体后叶反射、胃泌酸机制、肝和胰的病变机制的研究方面取得了许多突出成就。他对环核苷酸代谢及细胞骨架等方面都有开创性研究，对我国开展这些领域的工作有巨大的推动作用。

荣誉和社会兼职

- 第三届全国人大代表
- 1983 年、1987 年两次当选为北京市人大代表
- 中国生理学会和中国解剖学会常务理事
- 中国细胞生物学会副理事长

著作

- 发表《三磷酸腺苷酸酶（ATPase）之组织化学定位，特别关于胃黏膜内壁细胞》《在刺激迷走神经或注射组织胺后，兔胃黏膜壁细胞和主细胞中 ATP 酶活动的组织化学变化》（合著）、《胰脏抗脂肪肝作用的研究》Ⅰ、Ⅱ、Ⅲ（合著）等；
- 主编《细胞生物学》等。

汪菊渊
中国园林专业创始人

汪菊渊　花卉园艺学家、园林学家、中国工程院院士

安徽休宁人　1913.4.11—1996.1.28

简历

1913 年 4 月 11 日,生于上海市。

1929—1931 年,就读于苏州东吴大学理学院化学系,肄业。

1931—1934 年,就读于南京金陵大学农学院园艺系,获农学学士学位。

1934—1936 年,于庐山森林植物园任技术员。

1936—1938 年,于金陵大学农学院园艺系任助教。

1938—1944 年,于成都金陵大学园艺系先后任讲师、副教授兼校园艺试验场主任。

1944—1946 年,在重庆政府农林部中央农业实验所成都工作站任技士,并在农林部种子专门委员会(上海)协助工作。

1946—1949 年,任北京大学农学院园艺系副教授兼院农场主任。

1949—1951 年,任北京农业大学园艺系副教授。

1951—1953 年,经高教部同意,试办全国唯一的造园专业,带领农业

大学园艺系部分师生到清华大学营建系（今为建筑系）联合成立造园组，任专业负责人。

1953—1956 年，任北京农业大学造园专业负责人。

1950 年起，任北京林学院（后更名为"北京林业大学"）城市及居民区绿化系副主任、教授。

1955—1964 年，任北京市人民政府农林水利局局长，后为农林局局长。

1956 年，参加中国民主同盟。

1964—1968 年，任北京市园林局局长。

1972—1979 年，任北京市园林局花卉处顾问。

1979—1983 年，任北京市园林局副局长。

1983 年，任北京市园林局总工程师。

1990 年，任北京市园林局技术顾问。

1995 年，当选为中国工程院院士。

1996 年 1 月 28 日，逝世。

成就与贡献

汪菊渊是中国风景园林学领域的学科带头人，是中国风景园林学界第一位中国工程院院士。

他一生主持和参与了许多重大的科研项目、规划设计、工程建设等成果的鉴定，为中国工程院和土木、水利、建筑工程学部的发展献计献策。他的学术成就，为中国风景园林学科基础理论的研究和学科体系的建设做出了重大的贡献。

汪菊渊是园林教育界的一代宗师，他既精通农艺、园艺、园林，又深入史学领域，博古通今，造诣至深。在教学中，他强调发掘、继承和发展中国风景园林的民族传统，建立具有中国特色的风景园林学科体系。他所创办的风景园林学科，已成为与建筑学、城市规划学并列的一门重要学科；

他在北京农业大学工作期间创办的造园专业，现在发展成为北京林业大学园林学院。

他积极倡导和创建了中国园艺学会、中国园林学会和中国风景园林学会，先后主持和指导创办了《园艺学报》《园林与花卉》和《中国园林》等学会刊物，为学会的建设和发展做出了巨大的贡献。

荣誉和社会兼职

- 北京市第二届人大代表
- 北京市第三、四、五届人大代表
- 北京市第五届政协委员
- 第六届全国政协委员
- 民盟北京市委委员
- 第七届全国政协委员
- 兼任中国园艺学会秘书长、副理事长，中国花卉盆景协会副理事长、理事长，中国建筑学会园林学会副理事长，中国风景园林学会副理事长、名誉理事长等职务

著作

- 著有《中国园林史纲要》和《外国园林史纲要》，它们是研究中外园林史较早的范本；
- 主持编纂《中国大百科全书·建筑、园林、城市规划卷》之"园林"部分，对建立中国风景园林学科体系做出了重要贡献；
- 参与《中国技术政策、城市建设》中"城市绿化和公园"部分的撰写工作，获得了"国家技术政策研究重要贡献奖"；
- 承担国家建设部园林重要科研课题"中国古代园林历史进展"的研究工作，写下百万余字的鸿篇遗著。

汪小川
中国文博事业领导人

汪小川　领导干部

安徽岳西人　1913.7—2005.1.14

简历

1913 年 7 月,出生于安徽省岳西县。

1929 年秋,加入共产主义青年团,并担任乡支部委员、乡苏维埃委员,同年参加游击队。

1931—1932 年,在合肥团中心县委的领导下,从事地下共青团工作和工运、兵运工作。

1932 年 2 月,参加红军,在红四方面军总政治部任文书、文书股长、宣传干事等。

1933 年春,加入中国共产党。

1935 年,随红四方面军参加长征。

1936 年,随西路军西渡黄河,先后任西路军政治部宣传干事、红三十军宣传部部长。他与西路军的广大将士一道战胜艰难险阻。

1938 年,受党的委派任新疆日报社副社长。后来在延安马列学院、延安中央党校学习,并担任延安军委原总政治部宣传部教育科长,后到晋绥军区政治部任宣传部部长。

1946年起,先后任吉林省桦甸县委书记、吉林省委政策研究室主任、吉北地委民运部部长、吉林省委民运部副部长。

1949年以后,历任中共中央东北局宣传部副秘书长、理论教育处处长、长春市委第二书记、东北地质学院院长兼党委书记。

1956年秋起,任贵州省委常委、省委宣传部部长等职。

1966年以后,在"文化大革命"中,遭到了错误的批判。恢复工作以后,历任北京大学党委副书记兼副校长,国家文物局党组副书记、副局长,被中央派赴广西和云南任机构改革工作小组副组长、组长。

1983年,离休。

2005年1月14日,病逝于北京。

著作

- 著有《汪小川诗词选》《历史小故事》;
- 作有《我在西路军的经历》。

汪寅人
中国煤化学的创始人

汪寅人（字盈程） 煤化学家、能源科学家、高级工程师

浙江杭州人 1914.9.29—1994

简历

1914 年,出生于上海。

1932 年,于上海震旦大学预科毕业。

1932—1936 年,毕业于上海震旦大学工学院化学工程系,获工学学士学位。

1936—1947 年,任开滦矿务局唐山矿化验室主任、矿务局总化验室主任。

1945—1946 年,兼任唐山交通大学化学教授。

1947—1949 年,于英国伦敦大学理工学院研究生院毕业,获博士学位,被选为英国燃料学会会员。

1949 年夏,回国,10 月,任开滦煤矿总管处总化验室主任及化工研究所所长。

1950 年,兼任唐山北方交通大学（今北京交通大学）化学教授及煤炭

学教授。

1954 年，任燃料工业部唐山煤炭研究所副所长。

1956 年 7 月，任煤炭工业部煤炭科学研究院学术委员会委员，煤化学研究所所长和国家科委可燃矿物综合利用专业组副组长。

1973 年，任燃料化学工业部北京煤炭科学研究所副所长。

1976 年，任煤炭工业部技术委员会委员。

1978 年，任煤炭工业部技术委员会委员及煤炭科学研究院北京煤化学研究所所长，兼所学术委员会主任委员。

1985 年，加入中国共产党。

1994 年，因病逝于北京。

成就与贡献

汪寅人为中国煤化学和煤化工事业贡献了自己毕生的精力，是中国煤炭加工利用和煤化工技术研究的先驱者。

他开创了我国的煤炭化验和煤质研究工作，制定了我国统一的中国煤炭分类方案，为我国煤炭合理利用奠定了科学基础。他组织领导了煤炭加工利用新技术的研究，为我国煤化学和煤化工的科学技术赶上国际先进水平做出重大的贡献。

汪寅人数次随同我国政府考察团、学术代表团到美、英和欧洲各国参观访问，并从 1982 年起，与美国煤气研究院合作，他任中方主席，连续组织了 6 次煤气化新技术国际研讨会，对发展我国煤化工新技术和开展国际煤炭利用技术合作起了重要的作用。

在汪寅人的悉心指导和大力支持下建成的"中国煤种资源数据库"，为国家领导部门及时提供最新最全的煤炭信息，也为现场提供了大量的煤质资料，成为中国煤质资源资料的中心。

1952 年和 1953 年，他先后办了两期煤矿化验培训班，从各大矿务局及大专毕业生中招收了两批技术骨干参加培训,教学中采取以实际操作为主,结合理论辅导的形式,严格要求,精心安排,为我国煤炭工业培养了一批素质较高的煤炭化验专业人员,这些人后来都成为各大矿务局煤质、化验和选煤的技术骨干或负责人。他为煤化所设立硕士、博士点做了大量的工作,为中国培养出第二、第三代煤化学的专业人才,他们现在都已成为中国煤化工和煤质管理方面的技术专家和领导。

荣誉和社会兼职

- 第三届全国人大代表
- 第五、第六届全国政协委员
- 第一、第二届中国煤炭学会常务理事
- 煤化学专业委员会主任委员
- 第一、第二届中国煤化工学会常务理事、第三届荣誉理事
- 第一届中国环境科学学会常务理事
- 北京能源学会理事长
- 北京市人民政府专业顾问、燃气组长
- 上海华东化工学院煤化工教授、太原工业大学煤化学教授
- 《化工学报》《煤炭学报》《燃料化学学报》编委

著作

- 编译有《国际烟煤分类》;
- 发表《中国褐煤、烟煤、无烟煤的技术分类》等。

汪运祖
长征日记作者

汪运祖　少将

湖北红安人　1915.6.26—2015.2.23

简历

1915 年,出生。

1926 年冬,参加儿童团并当上了团长。

1927 年 11 月,参与黄麻起义。

1931 年 8 月,加入红四军第十一师。

1932 年 6 月起,历任红四军第十一师三十二团一营通讯班长、宣传员、宣传干事、随师长任书记。

1933 年 12 月,加入中国共产党。

1934 年 8 月,于第十二师三十四团任参谋。

1935 年夏,调到红十师,随师长当书记,9 月任通信队队长。

1936 年 6 月,调十一师,跟师政委当书记,10 月,任师政治部秘书长。

1937 年 8 月,任八路军一二九师三八五旅七七〇团第二营营部书记。

1938 年 10 月,任团供给处副主任。

1939 年 8 月,任代理主任。

1940 年 4 月,调三八五旅供给部任生产科长。

1942 年 3 月,任屯田处主任,9 月,调任部队经济建设处处长。

1943 年 4 月,任陇东皮毛公司总经理。

1944 年 10 月,任三八五旅供给部副部长兼联合商店总经理。

1945 年 8 月,任代理部长。

1946 年 10 月,任鲁南军区后勤部副部长。

1947 年,任华东军区后勤部军需部副部长。

1948 年,任华东军区供给部部长。

1952 年 8 月,任华东军区后勤部军需部部长。

1955 年 9 月,被授予大校军衔。

1964 年 4 月,晋升为少将军衔。

1969 年 3 月,任原南京军区江苏生产建设兵团政治委员。

1971 年 5 月,任江苏省军区第三政治委员兼生产建设兵团政治委员。

1973 年 12 月,任原南京军区后勤部政治委员。

1982 年,于原南京军区后勤部当顾问。

1982 年 12 月,离休,副兵团职。

成就与贡献

汪运祖于土地革命战争时期,任红四方面军第四军十二师政治部宣传干事,第十二师三十四团参谋,第十师师部通信队队长,第十一师政治部秘书长。

抗日战争时期,他任八路军留守兵团三八五旅七七〇团营部书记,团供给处股长、供给主任,三八五旅供给部生产科科长、经济建设处处长,三八五旅特务营营长,三八五旅供给部副部长、部长。

解放战争时期,他任鲁南军区后勤部副部长,华东军区卫生部供给部部长，华东军区后勤部军需部副部长。

中华人民共和国成立后，他任华东军区后勤部军需部部长，原南京军区后勤部副部长，江苏省军区第三政治委员，原南京军区后勤部政治委员、顾问。

荣誉和社会兼职

- 获全国人民慰问解放军纪念章
- 获淮海战役纪念章、渡江胜利纪念章
- 获二级八一勋章、二级独立自由勋章、二级解放勋章
- 获一级红星功勋荣誉章

著作

- 作有《汪运祖日记》（未出版）

汪运祖用日记的形式记录下长征的经历，其中记载不仅覆盖长征时期，还有长征胜利后的一段时期。汪运祖一笔一画的记载虽然简洁，但几乎没有遗漏。由于《汪运祖日记》的存在，以往一些对长征史的推断推论就此落地，以往一些长征史领域的资料空白得以填补。

汪祖美
军运保障者

汪祖美　少将

江西上高人　1915.10—1993.2.17

生平

1915 年 10 月,出生于野市乡河里村一贫苦农民家庭。

1930 年 8 月,参加中国工农红军,同年 12 月,加入中国共产党。

第二次国内革命战争时期,在红军三军团,历任战士、班长、排长,后任红一军团第三军七师十九团连长、江西第一补充师三团营长、团参谋长、补充八团副团长。他还参加了保卫中央革命根据地的第一、二、三、四、五次反"围剿"战斗,包括龙冈战斗、方石岭战斗、宜黄战斗、广昌战役等重要战斗,参加了举世闻名的二万五千里长征。到达陕北后,担任甘肃独立二团团长、陕北红二十九军一团团长。

抗日战争时期,先后任陕北红二十九军三团副团长兼参谋长、一团团长、八路军留守团三八五旅七团参谋长等职,主要担任保卫党中央机关的重要任务。

解放战争时期,随部队进入东北解放区,在东北民主联军第二十四旅七十团、三师三十团、辽吉军区第二分区十六团、独立第三团等部队任团长。为巩固和发展东北革命根据地，率部清匪反霸、作战训练、筹措粮款等。1948 年 7 月，任东北野战军铁道纵队第三支队副支队长。为配合东北野战军夺取辽沈战役的胜利，保障军运，率部队投入紧张的抢修松花江铁路大桥任务。辽沈战役胜利后，于入关沿线抢修北宁、津浦等铁路，为东北野战军入关作战提供重要的交通支持。

1950 年 8 月，任铁道兵团第一师副师长、代理师长。

1950 年 11 月，率部参加抗美援朝，先后任中国人民志愿军铁道兵团副师长、师长。在保卫铁路运输线的激烈战斗中，深入一线指挥作战；铁路随炸随修，粉碎了敌人"绞杀战"，并战胜了特大洪水灾害，保障管区铁路的畅通。

1952 年 12 月—1960 年 5 月，任铁道兵（团）一师师长，率部参加鹰厦、昆一、昆河、昆明枢纽站等铁路建设，顺利完成了上级交给的工程任务。

1955 年，被授予大校军衔。

1960 年 7 月，进入高等军事学院速成系一期学习。

1961 年 6 月—1963 年 4 月，任第二铁道兵学校校长。

1961 年，晋升为少将军衔。

1963 年 4 月—1976 年 6 月，任铁道兵司令部副参谋长。

1976 年 6 月—1983 年 1 月，任铁道兵司令部顾问。

1982 年，以副兵团职离休。

1993 年 2 月 17 日，因病在北京逝世。

荣誉和社会兼职

- 获二级八一勋章、二级独立自由勋章、二级解放勋章

- 获二级自由独立勋章

- 获中国人民解放军一级红星功勋荣誉章

汪少川
将门世家

汪少川（别名：汪正安）　少将

安徽金寨人　1915.11.17—2002.6.27

简历

1915年，出生。

1929年，参加皖西北赤卫军。

1930年，加入中国共产主义青年团。

1931年，转为中国共产党党员。

1932年，参加中国工农红军。

土地革命时期，曾在地方从事少共团工作。入伍后先后任红二十七军班长，七十三师第二一九团营部文书，团党务委员会书记，金寨、宿松、黄冈便衣武工队队长、中共黄冈中心县委书记等职。参加过鄂豫皖苏区反"围剿"，坚持南方游击战三年。

抗日战争时期，任新四军第四支队手枪团政治委员，淮南抗日游击纵队政治委员、淮南路东独立团政治处主任，高邮独立团团长，天长高邮支队副司令员，滁县总队副总队长、政治委员兼政治部主任，中共嘉山县委书记兼嘉山总队政治委员，新四军第二师六旅兼路西军分区政治部主任，转战淮南路西，多次参加粉碎日伪顽扫荡和进攻的战斗。

解放战争时期，任苏中军区第三十一旅副政委，华中军区卫生部、华东军区后备兵团、苏北军区政治部主任等职，参加了淮海战役和渡江战役等。

中华人民共和国成立后，任苏北军区副政委兼政治部主任，江苏省军区中国人民解放军陆军第三十一军政治委员。

1955 年，被授予少将军衔。

1964 年，调任国务院建筑工程部副部长，兼政治部主任、党委副书记。

"文化大革命"期间，曾在四川攀枝花国家三线建设总指挥部任副指挥。

1978 年，调任国务院交通部副部长兼政治部主任。

1982 年 4 月，退居二线。

1995 年 5 月，离休。

2001 年 1 月，由中央组织部下文调整为正部级，受聘为中国新四军和华中抗日根据地研究会顾问。

2002 年 6 月 27 日，在北京逝世。

成就与贡献

汪少川的父亲汪永熙是一名革命者，汪少川也是跟着父亲参加革命的，后来他又把自己的儿子汪江淮送到了部队，也成了少将。一门忠烈，二代少将，三代军人，堪称将门世家。

荣誉和社会兼职

- 获二级八一勋章、二级独立自由勋章、一级解放勋章各一枚
- 第六、第七届全国政协委员

汪受衷
中国现代建筑施工技术奠基人

汪受衷　高级工程师

贵州开阳人　1915—1987.7.23

简历

1915 年,出生。

1937 年,从北洋大学(天津大学前身)土木工程系毕业后,先后在成渝铁路工程局和重庆致远建筑公司任职,后任武汉中华联合工程公司工程师。

1949 年以后,在上海参加革命工作,历任华东建筑工程局第二建筑公司总工程师,建筑工程施工管理局、国家建委施工局总工程师,国家建工总局施工局副局长、总工程师、高级工程师,组织上海虹桥机场建设施工。

1954 年,奉命赴东北,参与领导组织第一汽车制造厂和第一重型机械厂的设计建设工作。

1958 年,主持设计第二重型机械厂的建设方案。

1961 年后,历任建筑工程部直属工程局(中建一局前身)总工程师、第二汽车制造厂总指挥部生产组副组长、国家建委施工局总工程师、国家建工总局施工局总工程师和副局长、城乡建设环境保护部科学技术委员会委员、国家建筑业管理局顾问等职。

1980 年 4 月，加入中国共产党。

1987 年，逝世。

成就与贡献

1952 年，汪受衷在上海主持蕴藻浜大桥建设施工时，首次使用 100 英尺预制钢筋混凝土空心斜桩，创下中国建筑工程开槽打桩建基柱施工技术的先河。他不仅是中建一局建筑施工技术的奠基人之一，而且也是中国现代建筑施工技术的奠基人之一。

汪受衷不仅具有丰富的建筑施工经验，而且还有较高的建筑理论水平，他把毕生精力全部奉献给了中国建筑事业。他晚年退居二线后仍坚持赴全国各地建筑工程第一线做调查研究，先后参加扬子乙烯工程和三峡工程等国家重点工程的技术论证和技术咨询工作，为我国建筑事业做出了重要的贡献。

荣誉和社会兼职

- 黑龙江省第一届人大代表
- 第三届全国人大代表
- 第五届全国政协委员
- 第六届全国政协委员
- 中国建筑学会第五届常务理事和第六届理事

著作

- 著有《国际承包知识——建筑工程管理与组织手册》（合著）；

- 主编有《统筹法在工程中的应用》《按科学规律组织施工——重点工程建设经验总结》；
- 参与《中国大百科全书·建筑卷》的编纂工作。

汪　易
军中孺子牛

汪易（原名：王善德）　开国少将

四川阆中人　1916—1995.2.13

简历

1916 年，出生。

1932 年，加入中国共产主义青年团。

1933 年，参加中国工农红军，在红九军政治部当宣传员，后调到红四方面军总政治部做抄写工作，他还在川陕省委从事宣传工作。

1935 年，由团转入中国共产党，后任中共川陕省委武装宣传队队长，中共金川省委武装宣传大队长，西北局文印科科长。参加长征，红军到达陕北后，他调到陕甘宁省委，担任文印科科长、省委秘书长。

1938 年，到延安中央党校学习，学习结束后给刘仁当秘书。

1940 年，担任王首道的秘书，王首道当时是中共中央秘书长。他还在中央党校当过教员。

1940 年，曾管理警备一旅在关中的炼铁厂，任厂长兼政委，由于工作出色，获得了劳动英雄称号和红星奖章。

1941 年，任警备一旅政治部组织科副科长，后升任警备一旅供给部政治处主任、副政委。

1945 年，警备一旅编入南下支队，汪易随文年生南下，至河南，日本投降，改去东北。

1945 年，在东北历任热辽纵队供给部副政委、冀察热辽军区供给部政委、八纵供给部政委、军区供给部部长。

1949 年以后，担任第四野战军四十五军一三三师政委、四十五军政治部副主任，后任第十二兵团师政治委员。

1952 年，入朝作战，在朝鲜升任四十六军政治部主任。

回国后，历任中国人民解放军第五十四军副政治委员，原总后勤部司令部副参谋长、参谋长，原北京军区后勤部部长、军区副司令员。

1955 年，被授予少将军衔。

1995 年 2 月 13 日，因病在北京逝世。

成就与贡献

土地革命战争时期，汪易主要从事宣传工作，在长征途中，带队完成了警卫收容和筹措粮食等任务。

抗日战争期间，他参加了延安大生产运动，并出征太岳太行筹措粮款，保证了部队物资粮食供应。

解放战争期间，他主要负责军区的后勤保障工作，有力保障部队参加锦州战役、辽沈战役、天津战役等的后勤供给。曾在承德、赤峰、热东、热辽的广大地区战斗、工作了 3 年时间，他在热河和冀东开办了农牧场，他办的皮革厂达到机械化水平，他指挥 100 多辆马车和汽车，从事商业运输，为冀热辽军区、热辽纵队部队作战提供了后勤保障。

中华人民共和国成立后，他经常深入基层，调查研究，为部队和机关的革命化、现代化建设做出了重要的贡献。他组织制定了新疆、西藏高原部队的供应保障方法和标准制度以及后勤工程部队和汽车部队的组建等任务，他呕心沥血，竭尽全力地为革命工作。

汪易在 60 多年的革命生涯中，学习努力，工作认真，作风深入，联系群众，严于律己，廉洁奉公，体现了一名红军老战士的革命本色。

荣誉和社会兼职

- 获三级八一勋章、二级独立自由勋章、二级解放勋章
- 获一级红星功勋荣誉章
- 获朝鲜民主主义人民共和国二级国旗勋章、二级自由独立勋章

汪家道
农垦将军

汪家道　开国少将

安徽霍邱人　1916—1992.3.27

生平

1916 年，出生。

1930 年，参加中国工农红军，同年加入中国共产主义青年团，1932 年转入中国共产党。

土地革命战争时期，任红二十五军第七十五师通信排排长，军部手枪队指导员，红十五军团骑兵团政治处主任，并参加了长征。

抗日战争时期，任八路军一一五师三四四旅六八七团副营长，太行军区独立游击大队大队长，冀鲁豫军区新三旅八团副团长，教导七旅十九团团长。

解放战争时期，任冀鲁豫军区第七纵队十二旅副旅长，第十一纵队三十一旅旅长，第二野战军十七军四十九师师长。

中华人民共和国成立后，历任第五兵团师长，副军长，黑龙江省军区司令员兼生产建设兵团司令员，原沈阳军区副司令员，中共黑龙江省委第一书记、省革委会主任，原沈阳军区顾问。

1955 年 9 月，被授予少将军衔。

1992 年，逝世。

荣誉和社会兼职

- 获二级八一勋章、二级独立自由勋章、二级解放勋章
- 获一级红星功勋荣誉章
- 第四届全国人大代表，第五届全国政协委员
- 中国共产党第九、十届候补中央委员

汪大漠
中国人民海军的创建人之一

汪大漠（别名：汪家庙）　开国大校

四川涪陵人　1916.5—1994.7.21

简历

1916 年，出生于四川涪陵县。

1936 年，参加中华民族解放先锋队。

1937 年 6 月，参加中国工农红军。

1937 年 8 月，入延安陕北公学为第一期学员，主动记录整理和投稿发表了《毛泽东论鲁迅》一文（即毛泽东在陕北公学的演讲）。

1938 年 7 月，被分配到新四军政治部工作，加入了中国共产党。后经历抗日战争和中国人民解放战争。

1949 年 4 月，渡江战役前后，任中国人民海军党委委员，与张爱萍将军一起参与接收国民党海军和筹建中国人民海军工作。在组建海军的工作中，与张爱萍、张元培、冯文华、孙克骥被中央任命为中国人民解放军海军第一任党委委员，并参与组建了初创时期中国人民海军第一支部队华东海军，以最快的速度建立起中华人民共和国海军部队，为接收、整编国民党海军,创建人民的海军做出了积极贡献,他也因此被视为人民海军创建人之一。中华人民共和国成立后,历任华东海军政治部组织部部长,华东海军后勤部政治委员,海军原总政治部组织部部长等职,被授予海军大校军衔。

1966 年春,转业到国家交通部政治部担任领导人,"文化大革命"中受到迫害。

1976 年,平反,恢复工作,先后任职于中国科学院和国家水上运输高级法院。

1983 年 12 月,离休。

1994 年 7 月,病逝于北京。

成就与贡献

汪大漠的一生为中国人民民主革命的胜利和中国各民族人民的解放,特别是为抗日战争和解放战争的胜利,为中国人民海军的建设做出了重大的贡献。

汪大漠的《毛泽东论鲁迅》一文对中共党史、中国现代文学史中关于毛泽东与鲁迅的思想研究也做出了独特的贡献。

汪大漠在少年时期就热爱和崇尚祖国的伟大民族英雄人物,在《一九三七年开篇》一文中,汪大漠道:"让那些没有饥寒,没有苦难,没有压迫的,人人皆大欢喜的社会逐渐被建立起来——这就是我们的世界,我们的梦啊!"他决心实现自己的梦——改变世界,追求人类解放的真理之梦,这种崇高的理想和信念,始终贯穿在他的革命实践中,体现在他整个人生轨迹中。

他既是一位开国将领,也是一位作家。他一生光明磊落,立场坚定,艰苦朴素,一心为公,他用笔和枪与敌人战斗,用血和汗为人民奉献。

著作

• 著有《汪大漠诗文选》

节选：

访新四军军部旧址（旧体诗词四首）

一、长相思·云岭

山有情，水有情，泾水皖山喜送迎，归来一老兵。

云岭行，意难平，千古奇冤血写成，丹心照汗青。

二、诉衷情·罗里

光荣北伐武昌城，唱叶贺齐名。大江南北旗鼓，抗战响雷霆。

思往事，恨难平，颂雄鹰，狱中歌起，神鬼咸惊，金石铮铮。

三、又一首

英姿神采忆犹新，满面似阳春，指挥沉着坚定，麾下铁新军。

云岭外，炮声殷。号吹频，繁昌鏖战，告捷汀潭，磐石军民。

四、五律·陈家祠堂

视察皖南去，风云四十年。祠堂音貌在，屋宇笑声旋。北上东征策，千言万语传。新长征大道，公已著先鞭。

汪敬虞
中国经济史专家

汪敬虞（别名: 汪馥荪）　经济史学家、中国社科院荣誉学部委员

湖北蕲春人　1917.7.20—2012.6.20

简历

1917 年 7 月 20 日，出生于湖北。

1937 年，以优秀成绩考入武汉大学中文系，后转入经济系学习。

1943 年，大学毕业后，进入中央研究院社会科学研究所，师从著名经济学家巫宝三先生，走上了经济学、经济史学的研究之路。

1946 年，改任助理研究员。

1949 年 10 月，任中国科学院经济研究所助理研究员，此后一直研究中国近代经济史。

1955 年，晋升副研究员。

1979 年，晋升为中国社会科学院经济研究所研究员。

1985 年，被聘为中国社会科学院研究生院博士生导师。

1991 年，享受国务院颁发的政府特殊津贴。

1999 年 1 月，退休。

2006 年，被评为中国社会科学院首批荣誉学部委员。

2012 年 6 月 20 日，在北京逝世。

成就与贡献

汪敬虞学术专长为中国近代经济史，从事学术研究 70 余年。早在 20 世纪 40 年代初，他就发表了一系列有关国际金融问题的文章。进入中央研究院工作后，他参加了巫宝三先生主持的关于 20 世纪 30 年代中国国民所得的研究工作，担任其中工业部分的研究，做出了卓越的贡献。

汪敬虞在外国资本主义对中国的经济侵略、近代买办、中国资本主义和资产阶级的发生、中国近代半殖民地半封建社会经济史的中心线索等方面以及经济史研究的资料建设方面研究成就卓著。

他在经济史资料的搜集、整理方面，做了很多开拓性的工作。他参与国家哲学社会科学"八五"重点项目成果所主编的《中国近代经济史（1895—1927）》上中下三册历时十余年完成，并获孙冶方经济科学奖著作奖、第四届吴玉章人文社会科学一等奖、第二届郭沫若中国历史学奖一等奖、第四届中国社会科学院优秀成果奖一等奖等，对推动中国近代经济史的教学和研究起了重要的作用。

此外，他还参与编写了《中国近代经济史统计资料选辑》。这些都成为经济史研究至今不可或缺的重要工具书。

汪敬虞还发表了一系列论文，对中国工业化问题、中外经济关系问题和中国资本主义发展问题，进行了深入系统的研究，提出了许多新材料和新观点，在学术界产生了重要的影响。

汪敬虞是经济史学大师，但他一直希望中国经济史学科后继有人，他对中青年学者总是热情鼓励，诚恳教导，严格要求。他为中国经济史学界中青年学者的成长付出了很多的心血。

荣誉和社会兼职

- 中国经济史学会首届副会长
- 第七、八两届全国政协委员

著作

- 编著有《十九世纪西方资本主义对中国的经济侵略》《唐廷枢研究》《赫德与近代中西关系》《外国资本在近代中国的金融活动》等；
- 参加编写了《中国近代经济史统计资料选辑》《中国近代工业史资料(1895—1914)》《中国近代经济史(1840—1894)》等。

汪冰石
工业经济专家

汪冰石　领导干部

安徽怀远人　1918—2003.12.29

简历

1918 年,出生在安徽省怀远县一个农民家庭。

1939 年 2 月,参加怀远县青年抗敌协会。

1940 年 2 月,加入中国共产党。

1945 年 8 月,任安徽宿怀县(现怀远县)县委书记兼县长、县总队长兼政委。

1949 年 4 月,任南京市军管会文教接管委员会组织部部长、市政府机关党委副书记。后历任南京市委编辑研究室主任、市卫生局副局长、市统计局局长、市委地方工业党委书记、市委工业部副部长、市委地方工业部部长、南京汽车制造厂党委书记。

1962 年后,历任中共江苏省委工业部副部长、江苏省经济委员会副主任、中共江苏省委工业交通政治部副主任。

1973 年 10 月起,先后担任徐州市委书记、徐州市革委会主任,并兼任徐州地委第一书记。

1977年12月—1984年1月，先后担任中共江苏省委常委、省革委会副主任、副省长、江苏省委对外开放领导小组副组长、中共南京市委第一书记。

1984年6月，当选为江苏省第六届人大常委会副主任，并继续担任中共江苏省委对外开放领导小组副组长。

2003年12月29日，在南京逝世。

成就与贡献

抗日战争期间，汪冰石为巩固淮北路东、路西抗日根据地做出了积极的贡献。

解放战争期间，汪冰石一直在宿怀县担任党政领导工作，为扩大革命根据地，领导和组织军民同国民党反动派展开了艰苦卓绝的武装斗争，卓有成效地开拓了新局面。

1948年，汪冰石参加了淮海战役，他组织民众昼夜支前，为围歼国民党主力部队于双堆集起了积极的作用。

在1949年后的十多年时间里，他主管和从事地方工业和经济工作，为江苏省和南京市国民经济的恢复、地方工业的发展做出了积极的贡献。

"文化大革命"中，汪冰石遭受打击和迫害，但他始终坚持党性原则，坚持共产主义信念，以坚定的革命意志，对林彪、"四人帮"反革命集团的倒行逆施进行了坚决抵制和斗争。

汪冰石恢复工作后，坚决贯彻中央关于铁路运输整顿的战略决定，为恢复社会秩序，确保京沪、陇海铁路大动脉的畅通，做出了重要的贡献。

作为江苏省主管工业经济的主要领导人之一，他参与了金陵石化、扬子乙烯、仪征化纤等重大项目的决策和建设，为江苏省改革开放和经济建设、为江苏省成为全国重要的工业省份做出了重要贡献。

汪冰石参与制定全省的对外改革开放规划和开发区的建设规划；他积极推进社会主义民主和法制建设，特别是开展地方人大立法和监督工作，对开发区现代化管理、土地使用管理等方面的法规的制定做了大量的工作，对江苏对外开放和投资环境的建设起了重要作用。

荣誉和社会兼职

- 第六届全国人大代表
- 中共江苏省第六、七次党代会代表
- 江苏省第五、六、七届人大代表

汪闻韶
中国土动力学创始人

汪闻韶　土力学及土坝、地基抗震学家，中国科学院院士

江苏苏州人　1919.3.15—2007.10.7

简历

1919 年 3 月 15 日，出生于江苏省苏州市。

1943 年，毕业于中央大学水利工程系。

1943—1945 年，任甘肃水利林牧公司张掖工作站助理工程师。

1945—1946 年，任黄河水利委员会宁夏灌溉工程总队助理工程师。

1946—1947 年，任中央大学水利工程系助教。

1948 年初，赴美国留学。

1949 年，获艾奥瓦大学力学和水力学硕士学位。

1952 年，获伊利诺理工学院土木工程博士学位。

1952—1954 年，先后任美国麻省理工学院副研究员和研究工程师。

1954 年底，回国。

1955—1956 年，任南京水利实验处高级工程师。

1956 年起，历任水利部水利科学研究院、水利水电科学研究院、中国

水利水电科学研究院高级工程师、教授级高级工程师、博士研究生导师。

1978—1980 年,任水利水电科学研究院抗震防护研究所成立筹备小组负责人。

1979 年,任国家科学技术委员会水利工程学科组成员。

1980 年,当选中国科学院院士。

1980—1983 年,任水利水电科学研究院抗震防护研究所所长。

1982 年,任中国科学院技术科学部科学基金组成员。

1990 年,任水利部技术委员会委员。

2001 年,任水利部科学技术委员会顾问。

2007 年,因病于北京逝世。

成就与贡献

汪闻韶全身心投入国家建设,是我国土动力学学科的奠基者和创建者之一。

他主持研制了国内第一台振动三轴仪;首先将振动三轴试验应用于土的地震液化研究;首先发现砂土结构性的影响;首先阐述了饱和砂土在振动荷载下动孔隙水压力产生的机制,考虑消散和扩散的影响;提出了"地震总应力抗剪强度"地震稳定性分析方法;发现和首先研究少黏性土地震液化问题,提出了少黏性土地震液化评价方法;系统阐明了土的液化机制及与土体极限平衡和破坏间的区别和关系;提出了剪切波速在评价砂土液化中的应用;广泛总结地震震害资料和工程经验,建立了我国土坝及地基抗震设计理论和原则。在土的地震液化、土坝及地基抗震研究方面成就卓越。

汪闻韶在土的液化研究中取得突出的成就,特别在其主编的 *Soil Mechanics—Transientand Cyclic Loads*, *Constitutive Relations and Numerical Treatment* 一书中,以一章的篇幅,专门介绍中国土液化研究

成果，这也奠定了汪闻韶在国际土动力学界的学术地位和声誉。

对土工抗震问题，汪闻韶提出了工程措施比理论计算更为可靠和地震变形分析比稳定分析更有意义的看法，他建立了我国土坝及地基抗震设计理论和原则，取得了许多开拓性和创造性成果。他在学科组织建设和科研人才培养方面付出了毕生的精力，并密切关注国际研究前沿和新进展，成为我国土动力学学科的奠基者和学科带头人。

荣誉和社会兼职

- 获中国科学院科学奖金三等奖
- 获国家地震局科技进步奖一等奖
- 获国家科学技术进步奖二等奖
- 获水利部科学技术进步奖二等奖
- 获国家科学技术进步奖三等奖
- 获国家自然科学奖四等奖
- 获茅以升土力学及基础工程大奖
- 水利电力科学技术先进工作者
- 全国抗震系统先进工作者
- 中国土木工程学会土力学及基础工程学会副理事长
- 中国水利学会岩土力学专业委员会副主任委员
- 中国地震学会地震工程专业委员会副主任委员

著作

- 著有《土的动力强度和液化特性》《土石填筑坝抗震研究》等；
- 发表论文 60 余篇（见《汪闻韶院士土工问题论文选集》）。

汪家鼎
中国核化工技术功臣

汪家鼎　化学工程学家、教育家、中国科学院院士

重庆人　1919.10.18—2009.7.30

简历

　　1919 年，出生于重庆。

　　1934—1937 年，在北京辅仁中学读高中。

　　1937 年，回川考入重庆大学化工系。

　　1938 年，转入西南联大化工系。

　　1941 年，毕业并留校任助教。

　　1944 年，赴美国麻省理工学院化工系学习。

　　1945 年 6 月，获得化学工程硕士学位，后留校任研究助理。

　　1946 年初，回国，历任西南联大化工系专任讲师，重庆大学化工系副教授，南开大学化工系副教授、教授。

　　1952 年，任天津大学化工系教授兼副系主任。

　　1952 年，加入中国民主同盟。

　　1956 年，加入中国共产党。

1957 年,奉调进入清华大学,承担筹建核化工专业的任务。在清华大
学工作期间历任工程物理系副系主任,工程化学系副系主任、系主任,化
学与化学工程系(现化学工程系)系主任,清华大学校务委员,校学术委员
会副主任。

1980 年,当选为中国科学院学部委员(院士)。

1991—1997 年,任化学工程联合国家重点实验室主任。

1993 年,当选为国际溶剂萃取会议(常设)委员。

2009 年 7 月 30 日,于北京逝世。

成就与贡献

汪家鼎是我国核化工技术的奠基人之一,为提高我国化学工程学科
的总体水平做出了突出的贡献。

他首先提出了"萃取法核燃料后处理工艺与设备"项目,领导并参加
了该项目的"热"室建设,完成了从元件溶解到取得合格钚-239 产品的全
流程"热"试验。这项成果为我国第一座核燃料后处理工厂建设提供了可
靠的设计基础和运行依据,使我国核燃料后处理工艺达到当时的国际先
进水平,并培养了我国第一代核燃料后处理科技及工程人才,为我国核工
业建设做出了突出的贡献。

他系统开展了脉冲筛板萃取柱中两相流动特性的研究,对国际上通
用的 Pratt 公式提出了重要的修正,奠定了脉冲筛板萃取柱的设计基础;
他指导开展柱式萃取设备内液液两相传递现象的研究,提出并创制了"分
散-聚合"型脉冲筛板柱的新结构,建立了萃取设备性能的系列研究方法,
总结了萃取设备优化设计及放大规律;他领导并完成了"络合萃取法处理
工业含酚废水新工艺研究"课题,筛选了具有协同效应的混合型络合萃取
剂,提出了萃取除酚新工艺,达到国际先进水平,并付诸工业实施,取得了
巨大的经济效益和社会效益。

汪家鼎为提升我国化学工业和化学工程学科的影响力做出了不懈的努力，为提高我国萃取分离学科的学术地位及影响做出了重要的贡献。

汪家鼎毕生致力于化工高等教育和人才培养，是我国化工教育的奠基人之一。他从教六十余载，悉心培养了一大批在我国化学工程的学术界、教育界和产业界发挥重要作用的优秀人才。

清华大学还设立了"汪家鼎励学基金"。2010 年 1 月 16 日下午，以已故著名化学工程学家、教育家、清华大学化工系教授汪家鼎院士命名的"汪家鼎励学基金"设立仪式在清华大学工字厅东厅举行。

荣誉和社会兼职

- 获"全国科学大会奖"
- 获献身国防科技事业荣誉奖章
- 获国家科学技术进步二等奖
- 获"国家重点实验室先进工作者"称号
- 获何梁何利基金科学与技术进步奖
- 1987 年、1996 年、2008 年先后获国家教委科技进步二等奖和教育部优秀成果一等奖（自然科学类）
- 中国化工学会副理事长
- 中国核学会常务理事
- 国家自然科学基金委员会委员
- 国务院学位委员会第一和第二届学科评议组成员
- 中国化工图书编审委员会副主任
- 《化工学报》编辑委员会主任

著作

- 发表有《液-液萃取脉冲筛极塔中两相流动特性的初步研究》《脉冲

筛板萃取柱中两相流体力学的研究》等；

　　• 合编有《化工百科全书》《化学工程手册(第二版)》《溶剂萃取手册》《溶剂萃取》等。

汪曾祺
中国文坛巨星

汪曾祺　作家

江苏高邮人　1920.3.5—1997.5.16

简历

1920 年,出生于江苏高邮。

1926 年秋,入高邮县立第五小学读书。

1932 年秋,入高邮县初级中学读书。

1935 年秋,考入江阴南菁中学读高中。

1937 年起,因战乱辗转借读于淮安中学、私立扬州中学及盐城临时中学。

1939 年夏,从上海经香港,到越南,再到昆明,以第一志愿考入西南联大中国文学系。

1944 年,在昆明北郊观音寺的"中国建设中学"当教师。

1946 年秋,由昆明到上海,在上海民办致远中学任教师。

1948 年初春,从上海到北京,在北京历史博物馆工作。

1949 年 3 月,参加中国人民解放军"四野"南下工作团,在武汉留下并被派往第二女子中学当副教导主任。

1950 年，从武汉回北京，任北京市文联主办的《北京文艺》编辑。

1954 年秋，任中国民间文艺研究会《民间文学》编辑。

1958 年夏，被划为右派，下放张家口沙岭子农业科学研究所劳动。

1960 年，摘掉右派帽子，结束劳动，留农科所协助工作。

1961 年底，调北京京剧团（院）任编剧，参与改编京剧《沙家浜》。

1966 年，因"文化大革命"受到不公正待遇，并于 1968 年获得平反。

1977 年起，开始集中进行文学创作，并刊发于《人民文学》《北京文学》等杂志。

1985 年，在中国作家协会第四届全国代表大会上当选为理事。

1987 年，加入共产党。

1987 年 4 月，随中国作家代表团赴云南访问。

1987 年 10 月，应安格尔和聂华苓夫妇之邀，赴美国参加国际写作活动。之后，陆续发表散文、随笔作品，并以专辑、散文集等形式发表、出版。

1995 年春，应台湾《联合时报》邀请，赴台参加"两岸三边文学问题座谈会"。

1996 年 12 月，在中国作家协会第五次全国代表大会上被推选为顾问。

1997 年 5 月 16 日，因病逝世。

成就与贡献

汪曾祺是著名小说家、散文家、戏剧家。他自小在一个中国传统文化深厚的家庭里长大，逐渐养成一颗热爱文学的心。他的祖父汪嘉勋不仅勤俭持家，是汪家的创业人，更教育后代有方，他发家后清醒地立下一个更加具体、明确的目标，把教育子孙后代的事定为兴家立业之根本。汪曾祺对祖父十分敬重，幼年的汪曾祺聪明好学，小小年纪就爱读书，祖父看在眼里、喜在心里，亲自指导汪曾祺读古文、练书法，还在寒暑假聘请当地名师到家中辅导汪曾祺。

1939 年汪曾祺高中毕业时，正逢抗日战争最艰难困苦的时刻，他在家人的支持下，克服千难万险，途经上海、中国香港，再从越南到达昆明，考入西南联大中文系，成为他慕名已久的沈从文的学生，从此走上文学创作之路。在沈从文的教育影响下，汪曾祺的创作从一开始就行走在"现代抒情小说"的道路上。这个文学流派的主要特色：以童年回忆为视角，致力于赞扬平民生活中的人情美、人性美。中华人民共和国成立之初，"现代抒情小说"难以成为主流，汪曾祺敏感地看清这一点，又不愿改弦更张，无奈搁笔。这一搁就是几十年，以致他新时期文坛复出、在 1980 年 10 月号《北京文学》发表《受戒》时，已整整 60 岁！许多人都不知道"从哪里冒出一个汪曾祺"。

从文学创作角度看，《受戒》有一定程度的"破冰"意义。

当中国文学终于挣脱长期以来"左"的桎梏，开始了一个新的里程，却又一时不能完全摆脱文学为政治中心服务的旧轨道时，是汪曾祺以《受戒》以及其后的《大淖记事》《岁寒三友》等一批以故乡高邮普通民众的旧生活为题材的作品，将长期因时代的、政治的因素被迫中断了的"现代抒情小说"重新连接起来，为当时正由伤痕文学、反思文学一统天下的文坛吹进一股清新之风，及时启示和加速推动文学真正回归文学。《受戒》是新时期最早以普通民众为主人公的作品，讲述的是一个农家出身的小和尚与一名农村姑娘的初恋故事。《受戒》的发表，对汪曾祺本人是一种特别的鼓励与支持，对广大从事精神产品生产的作家、艺术家则是一种热情的提倡，希望更多人像汪曾祺那样选择好自己创作中的"位置"，在自己的位置上解放思想，展翅翱翔！

中国当代文学殿堂是宏阔、雄伟、辉煌而又十分色彩斑斓的，我们固然不能把汪曾祺的作品夸大成殿堂的主体，但却应该承认他的作品在这个殿堂里占有一席之地；甚至可以说，在百花齐放的当代中国文学园地里，汪曾祺的作品是一朵不可或缺的、值得珍爱的赏心悦目的花。汪曾祺自己对此有清醒的认识，他说："我的作品不是，也不可能成为主流。"

小说、散文、戏剧，是汪曾祺致力一生的三大文体。1949 年 4 月，29 岁的汪曾祺第一本小说集《邂逅集》作为巴金主编的"文学丛刊"的一种，在上海文化生活出版社出版，这是他在文坛崭露头角的可喜开端，但由于当时上海正处于解放前夕，《邂逅集》的出版很难产生广泛的影响。中华人民共和国成立后，汪曾祺热爱文学的真情不减，痴心不改，但由于社会的、政治的、文学的等多方面的原因，他选择了暂时搁笔，专心致志地从事为他人作嫁衣的编辑工作。即便这样，他还是受到了不公正的待遇，被划为右派下放塞外劳动，后刚摘掉"右派"帽子的他就满腔热情地写出颂美劳动民众后代的儿童小说《羊舍的夜晚》（又名《羊舍一夕》）。"文化大革命"中汪曾祺身不由己地被召进"样板戏"剧组，成了将沪剧《芦荡火种》改编为现代京剧《沙家浜》的主要执笔者。一时间，《沙家浜》家喻户晓，声名远播，人们可以不知道汪曾祺，但不可能不知道《沙家浜》。

汪曾祺真正的文学创作辉煌是随着改革开放的到来而到来的。他一生满打满算，写下不超过 430 万字的作品。在 1949 年前后的 17 年中，汪曾祺共出书一种，新时期文坛复出时，他已是花甲老人，然而，就是从 1980 年 10 月发表了标志他文坛复出的《受戒》开始，到他 1997 年 5 月辞世，在短短的 17 年中，汪曾祺写下他一生中 90％的作品！2008 年 9 月，在纪念改革开放十周年的日子，《人民日报》曾发表署名文章指出：汪曾祺完全是因为十一届三中全会才获得了新生！"如果没有新时期，他就只能继续被岁月的尘埃湮没于无为！中国当代文学很可能就没有留下那么多美文的汪曾祺"！（节选自汪曾祺研究会会长陆建华）

荣誉和社会兼职

- 中国作家协会第四届全国代表大会理事
- 中国作家协会第五次全国代表大会顾问

著作

- 小说集《邂逅集》《羊舍的夜晚》《汪曾祺短篇小说选》《晚饭花集》《寂寞和温暖》《茱萸集》；
- 散文集《蒲桥集》《塔上随笔》；
- 文学评论集《晚翠文谈》《汪曾祺自选集》等；
- 代表作：《受戒》《大淖记事》；
- 散文《北京的胡同》选入高中语文课本。

汪　洋
抗美援朝名将

汪洋　少将

陕西横山人　1920—2001.4.17

简历

1920 年,出生在一个普通农民家庭,曾在米脂县龙镇小学、绥德四师上学,并参加四师地下党组织的读书会。

1937 年奔赴延安,入陕北公学,同年加入中国共产党。随后在抗日军政大学第四期军事队学习,毕业后在八路军一一五师三四四旅六八九团任副排长,后任团宣传干事、副连长、团旅作战参谋。

1941 年皖南事变后,先后任新四军四师二十九团作战参谋,三师十旅一支队独立二团团长、支队参谋长。

1942 年,参加苏北抗日根据地反“扫荡”战斗。

1943 年 5 月 5 日,同伪军激战取得胜利。

1950 年 10 月,任三十九军一一六师师长,率部首批跨过鸭绿江入朝参战。1952 年,任三十九军参谋长。

1954 年,担任三十九军第一副军长兼参谋长。

1955 年,任六十四军第一副军长兼参谋长。

1962 年,任十六军副军长,后任军长。1965 年中央军委向全军推广了十六军的训练经验。

1964 年,被授予少将军衔。

1969 年,任原沈阳军区副司令兼参谋长。

1972 年,调任国防科委学习组副组长。同年任第一机械工业部党的核心小组组长。

1975 年,任第七机械工业部部长,为发展国防尖端科研事业做出了贡献。

1977 年,中央批准汪洋回部队工作,任原北京军区副司令,分管作战工作,对加强军区部队的战备建设和革命化、现代化、正规化建设做出了巨大的贡献。

1986 年 12 月,汪洋离休,仍然关心革命事业和部队建设,参加三十九军军史的主编和审稿工作,回顾总结作战经验。直至逝世前几天,他还在口述、整理修改战争回忆录《十次突击》,把自己指挥的作战经验教训留给部队和后人。

成就与贡献

汪洋于抗日军政大学毕业后投身抗日战争,先后任副排长、干事、副连长、八路军一一五师旅作战参谋、苏北军区团长、军中参谋长等职,参加了晋东南根据地反扫荡和游击战,反击国民党顽固派,开辟冀鲁豫抗日根据地,并参与连五庄、秦西圩、叶圩子、石塘、淮阴等地区数十次战斗。

解放战争时期,他历任东北民主联军副团长、团长、师参谋长和东北军区警卫师师长等职,参加了靠山屯、昌图、彰武和辽沈、平津等地区战役战斗。

中华人民共和国成立后,他历任师长、副军长兼参谋长、副军长、军长、原沈阳军区副司令员兼参谋长、第七机械工业部部长、原北京军区副司令员等职。

抗美援朝，他率部首批入朝参战。

和平建设时期，他为军队的革命化、现代化、正规化建设，为发展中国国防尖端科研事业做出了贡献。

荣誉和社会兼职

- 获二级独立自由勋章、二级解放勋章和独立功勋荣誉章
- 获二级自由勋章和二级国旗勋章
- 第四届全国人大代表
- 中共十一大代表

著作

- 作有《十次突击》（未出版）。

汪　滨
中国林业建设的贡献者

汪滨　领导干部

河南新安人　1923.11—2017.11.11

简历

1923年11月,出生于河南省新安县。

1937年七七事变后,受进步思想影响,参加了当地抗敌后援会,深入乡村宣传抗日救亡思想。

1938年1月,离开家乡投考山西民族革命大学,从此走上革命道路。

1939年3月起,历任晋西南战地工作团工作员,晋西南新军二纵队游击第四团工作员、指导员,晋绥军区八分区太原支队文化教员,晋绥军区八分区政治部统计组织干事,延安中央办公厅秘书处速记室速记员、科员。

1940年1—9月,在太行抗大总校学习。

1941年1月,加入中国共产党。

1942年2月—1943年6月,在陕甘宁边区绥德分区抗大总校参加整风学习。

解放战争时期，历任晋西南吕梁土改工作团工作员，湖北罗田县七区区长、区委书记，罗田县公安局局长。

1946 年 9—12 月，在延安中央党校学习。

1947 年，随刘邓大军南下，挺进大别山。

1950 年 3 月起，历任湖北黄冈专区公安处秘书科科长、黄冈县公安局局长、新洲县公安局局长、新洲县人民政府县长、中南行政委员会林业局副处长、林业部森林经营局林政处处长。

1956 年 9 月起，历任林业部森林经营局副局长、森林经营司副司长、林政司副司长、森林保护司副司长。

1973 年 12 月—1975 年 2 月，被下放到农林部辽宁兴城"五七干校"劳动。

1978 年 3 月，任国家林业总局党组成员、副局长。

1979 年 5 月，任林业部党组成员、副部长。

1983 年 5 月，任中央绿化委员会办公室专职副主任。

1990 年 12 月，离职休养。

2017 年 11 月 11 日，逝世于北京。

成就与贡献

在抗日战争极其残酷的环境下，汪滨不顾个人安危，同日本侵略者进行了坚持不懈的斗争。

在解放战争时期从事土改等地方工作时，他广泛发动群众，积极宣传党的主张，推进减租减息工作，组织开展生产运动，为中国人民的解放事业和中华人民共和国的建立做出了积极的贡献。

他为加强森林经营利用、林政管理、野生动植物保护和森林病虫害防治等做了大量的工作，提出了很多真知灼见；他积极开展林业国际合作和交流，参与组织制定加快我国林业建设的有关规划和措施；他深入我国大部分林区，察林情，体民意，谋对策；他为新中国林业建设做出了重要的贡献。

他参与多起重大森林火灾的扑救指挥工作，曾带病赶赴云南森林火灾现场，全力协助指挥森林扑火工作，为保护国家的森林资源做出了贡献。

离休后，他一如既往地关心林业的改革发展，多次承担组织上交给的工作和任务，无怨无悔，贡献力量。他经常深入实际调查研究，提出了许多建设性的意见和建议，为发动群众参与林业生态建设、争取民间绿化资金、推动全民义务植树运动的开展和国土绿化事业发挥了积极的作用。

荣誉和社会兼职

- 中国绿化基金会第一、第二届理事会秘书长
- 中国绿化基金会第三届理事会副主席

汪德方
中国电力事业开拓人

汪德方　领导干部

上海人　1924.11.19—2008.11.19

简历

1924 年,出生于上海。

1938—1942 年,在中法工学院(预科)和震旦附中学习期间,开始接受革命思想熏陶。

1940 年 1 月,加入中国共产党,参加革命工作。

1942 年,由党组织调往苏北新四军抗日根据地工作,任淮海区淮涟中学党支部宣传委员兼教员。同年任涟水县麻垛区乡党支部书记、民兵中队指导员兼秘密区委书记。

1945 年 1 月,任苏浙解放区孝景市委书记兼市长。

1945 年 10 月,前往位于山东临沂的人民革命大学(山东大学的前身),担任班主任兼教员。

1947—1981 年,历任东北解放区辽源电业局局长、抚顺发电厂厂长、上海电业管理局副局长兼杨树浦发电厂厂长、华东电业管理局副局长、上

海第一机电工业局副局长、电力部计划司负责人、国家能源委员会计划局
局长。

　　1981年4月,任国家能源委员会副主任。

　　1982年5月,任水电部电力规划设计院院长。

　　1985年,任华能国际电力开发公司筹备组副组长、总经理。

　　1988年,华能集团公司成立后,任第一任董事长。

　　2008年11月19日,在北京逝世。

汪师贞
边疆地区优秀工作者

汪师贞　心血管专家

上海崇明人　1925.10—2013.4.21

简历

1925 年，出生。

1949 年 7 月，参加革命工作，先后担任上海第一医学院附属华山医院内科住院医师、助教、主治医师、讲师。

1957 年，支援新疆医学院，任新疆医学院第一附属医院内科主任。

1964 年 1 月起，历任中华医学会新疆分会常务理事、内科学分会主任委员、分会副会长，中华医学会全国内科学会常务委员，新疆医学院第一附属医院内科副主任医师、副教授、教授、主任医师。

1980 年 3 月，任新疆维吾尔自治区科技协会常务委员，新疆内科学会主任委员，自治区心血管研究所副所长等职。

1992 年，享受国务院特殊津贴。

2004 年 6 月，离休。

2013 年，逝世于乌鲁木齐。

成就与贡献

汪师贞长期从事高血压方面的研究工作，通过长期的探索和观察发现，摄入限量食盐的患者，不用药，血压也可恢复正常。这一发现使国内对高血压病的研究有了突破性进展。

1984年，她建立了B超室，通过人才培养，使新疆医学院第一附属医院心脏超声水平接近国内先进水平，并将超声技术向全疆推广，使新疆维吾尔自治区的心脏超声应用研究成果得到了普及。

她言传身教，为人师表，培养了优秀的师资队伍，建立了西北地区第一个博士点。

在担任新疆维吾尔自治区政协领导期间，她工作勤奋敬业，经常深入基层调查研究，多次率自治区政协医疗组深入天山南北边远地区调研，为制定自治区医疗卫生事业发展规划提供了主要依据，被各族群众称为"关心人民疾苦的好领导"。

荣誉和社会兼职

- 获"自治区科技成果四等奖"
- 获"自治区科技成果三等奖"
- 获"边疆地区优秀科技工作者"
- 获"卫生厅科技成果一等奖"
- 全国劳动模范
- 第四、五、六、七届新疆维吾尔自治区政协副主席
- 第五届全国政协委员

著作

- 发表《新疆维吾尔自治区不同民族高血压流行病学因素的调查研究（摘要）》《限制哈萨克族高血压患者盐摄入量的降压效应观察》《青年人急性心肌梗塞特点的探讨》《老年人退行性瓣膜病的超声显像特点》等论文。

汪福祥
中国水利专家

汪福祥　领导干部

青海西宁人　1926.4—2010.1.22

简历

1926 年 4 月，出生于青海省西宁市。

1946 年 9 月，在西北工学院水利专业学习。

1950 年 8 月，在陕西省火电厂从事测量工作。

1950 年 10 月起，任青海省农林厅水利局工程处施工员、技术员、国有农场勘测设计队队长。

1953 年 1 月，加入中国共产党。

1956 年 6 月起，任青海省水利局勘测设计处副处长、勘测设计院副院长、副总工程师。

1960 年 1 月起，任职于青海省水利局湖滨工程局，并成为循化县查汗都斯水库和黄丰渠的设计和施工工程师。

1966 年 5 月起，先后负责西宁大南川水库、湟源渠、同德美丽滩渠、果洛州楠木曲水电站、拉加寺电站、云谷川水库、小南川水库、东大滩水库的设计及施工。

1981 年 3 月,任青海省水利局副局长兼副总工程师。

1981 年 11 月,任青海省人民政府副省长。

1983 年 4 月,兼任省水利厅厅长、党组书记。

1993 年 12 月,退休。

2010 年 1 月 22 日,在西宁逝世。

成就与贡献

汪福祥长期从事水利水电建设工作,具有较高的科技理论水平和丰富的实践工作经验,是青海省知名的水利专家。

他主持和参与完成的水利水电工程达 40 余项,他的足迹遍布青海的山山水水,为青海省工农业水利水电工程的全面普查、勘测、设计和施工做了大量扎实有效的工作。

汪福祥任青海省副省长期间,围绕全省工作大局,抓好水利电力规划工作的指导,加强基层水电设施建设,培养专业技术人才,为许多大型水电工程的实施倾注了心血。

他任青海省政协副主席期间,努力投身人民政协事业,注重调查研究,听取各方面意见,积极建言献策,为政协履行政治协商、民主监督、参政议政职能发挥了重要作用。

汪福祥退休后,依然心系群众、心系青海,一如既往地关心青海省的经济建设、生态环境和社会发展,在西宁南北山绿化工程建设中做出了突出的贡献。

汪福祥始终牢记"为人民服务"的宗旨,为青海省的经济发展、社会稳定、民族团结做出了重要的贡献。

荣誉和社会兼职

- 第五、六届青海省政协委员会副主席
- 中国共产党青海省第五次代表大会代表
- 青海省第五届人大代表

汪应洛
中国管理工程教育的奠基人

汪应洛　管理科学与管理工程专家、中国工程院院士

安徽泾县人　1930.5.21—

简历

1930 年 5 月 21 日,出生于安徽省芜湖市。

1948—1952 年,就读于国立交通大学机械工程系,并获学士学位。

1952—1955 年,就读于哈尔滨工业大学企业组织与计划专业,并获硕士学位。

1955—1958 年,于交通大学任助教。

1958—1978 年,任西安交通大学机械制造系副主任。

1978—1984 年,任西安交通大学系统工程研究所副所长。

1984 年 1 月—1996 年 12 月,任西安交通大学管理学院院长。

1984 年 3 月—1988 年 3 月,任西安交通大学副校长。

2003 年,当选为中国工程院院士。

成就与贡献

汪应洛是我国管理工程类教育与研究的开拓者，是我国系统管理学科的奠基人之一。他长期致力于管理科学与管理工程教育及研究，为中国管理学科发展和管理教育做出了重要贡献。

从事管理工程研究和教育的 60 余年来，汪应洛主持完成了"三峡论证"等 10 余项国家重大科研课题研究，提出了我国管理学科的体系结构，在国内最早提出从工程师中培养管理人才并推动了国内培养具有双学位和 MBA 高级管理人才的进程。

他是我国管理工程、系统工程和工业工程的学科带头人，其著作《系统工程》成为高校广泛采用的教材。此外，他在国内率先运用系统工程的理论和方法参与完成"山西省能源重化工基地发展战略"的研究，他主持的三峡工程综合经济评价及决策支持系统研究等，被认为是 20 世纪 80 年代我国系统工程应用的重大成果。

近年来，他提出企业柔性战略概念和实现战略一体化管理观点，以及"精简、灵捷、柔性"生产系统概念、"灵捷网络化制造模式"理论和方法，并加以实施。

汪应洛长期致力于我国管理工程、系统工程和工业工程学科的发展及融会贯通，是国务院学位委员会管理工程学科评审组召集人、国家自然科学基金委管理学科评审组组长、全国工商管理硕士学位指导委员会顾问、全国软科学指导委员会委员、机械工业部先进制造技术研究中心系统管理及集成研究室首席专家、长江三峡工程重大科学技术研究专家组专家、陕西省决策咨询委员会特邀委员。他也是我国第一位管理工程学科的博士生导师和博士后流动站导师，在管理工程学的专业建设和人才培养上，起了十分重要的推动作用。

汪应洛当选为中国工程院院士以后，继续取得了若干重要研究成果，先后参加十余项工程院重大咨询项目，获国家省部级科技进步奖 11 项，为中国管理学科的蓬勃发展和管理教育事业的兴旺发达做出重要的贡献。

荣誉和社会兼职

- 获国家科学技术进步奖三等奖
- 获国家机械工业局科技进步奖二等奖
- 获中国高校科学技术奖（教育部科学技术奖）二等奖
- 获高等教育国家级教学成果奖二等奖
- 获光华工程科技奖
- 获中国系统工程终身成就奖
- 获复旦管理学终身成就奖
- 中国系统工程学会副理事长
- 中国机械工程学会常务理事兼工业工程分会主任委员
- International IE Society 常务理事
- 美国 *Computer and IE Journal* 国际编委
- 《管理工程学报》编委会主任
- 《工业工程》编委会主任
- 《中国工程科学》编委

著作

- 编著有《系统工程》《工程管理概论》《服务型制造——基于"互联网＋"的模式创新》《人力资源开发与管理》等。

汪观清
中国美术大师

汪观清　连环画家

安徽歙县人　1931.2.21—

简历

1931 年 2 月，出生于安徽歙县金滩村，自幼喜爱画画。

1942 年，到上海求学，开始接触海派书画艺术。

1948 年，回乡与张来美结婚，先后育有三子二女。同期，入上海陈盛铎现代画室接受素描训练，打下坚实的写生基础。

1950 年，首次正式发表作品，创作的四幅抗美援朝英雄故事画刊于《安徽日报》。

1951 年，出版首本连环画《扫雷英雄姚显儒》，自此走上连环画创作道路。

1954 年，进入上海人民美术出版社，入连环画创作室，与赵宏本、顾炳鑫、贺友直等被誉为"一百零八将"，共同成就了中华人民共和国连环画史上的巅峰时代，也收获了自己事业的黄金时代。

1959 年，与应野平合作八条屏人物山水画《万水千山》，参加全国美展，被中国美术馆收藏。同年，与程十发等人合作国画《上海解放》。人物作品《一张大字报》参加在莫斯科举办的社会主义国家造型艺术展览。

1962年，其作《爷爷把钟拆坏了》，被中国美术馆收藏。

20世纪70年代，汪观清到上海枫泾体验生活，辅导农民画家，为催生金山农民画贡献颇多。其间参与中国最大军事题材玉雕《万水千山》的设计创作。后到黄山练江牧场二年间，辅导"知青"画画，并从看牛、爱牛，到画牛，在水墨牛书法化创作领域独树一帜。其国画创作，除水墨牛外，在人物和山水领域都颇有建树。汪观清曾三十余次登临黄山，创作了《西海烟雨》《黄山诗意》《百泉牧歌》《瀑布高悬韵独清》等黄山、新安江两岸风光的山水画，并参与创建新安画派研究会。

1985年，他在深圳举办了人生中第一个牛画主题展。

1989年，其主编的画册《徽州大观》出版。

90年代退休后，旅居美国和加拿大期间，继续创作，洋为中用，专攻水墨气韵，创作完成《尼亚加拉大瀑布》《西部大峡谷》等一批有影响的山水巨作。其曾先后在美国、加拿大、德国、新加坡、日本、印尼以及中国台湾、中国香港等地举办个人画展。

1997年，回国，同年，"汪观清牛年画牛"亮相当时刚落成的上海图书馆新馆展厅，他还为庆祝香港回归绘制了一百枚墨牛首日封。

2009年，"汪观清百家百牛翰墨珍品展"登上金茂大厦。展会后，百牛纪念封被上海市档案馆收藏。

2010年，他历时五年深入实地调研后创作的清末民初时期徽州山水风情长卷《梦里徽州》（高1.8米，长60米）和黄山《天都云瀑歌》图卷，被中国上海世博会"城市足迹馆"和"世博中心"选展。

2014年，带领画师到好八连采风，再画"南京路上好八连"下集连环画，并组织创作150幅书画。2014年4月5日，其主导的纪念"南京路上好八连"命名五十周年书画作品展开幕。

2015年，组织画师创作百幅书画作品，策划了"铭记历史珍爱和平——纪念抗日战争胜利七十周年"美术书法作品展。

2016年，为举办"纪念红军长征胜利八十周年画展"，带领画师重走长征路。

2017年，其自筹资金创办的"新安艺术馆"在家乡歙县金滩村开馆，现为黄山市的爱国主义教育基地和黄山学院的实习实训基地。

2018年，其策划组织的旨在留存和弘扬连环画艺术的"海派连环画传承馆"在上海湖南街道社区开馆。其主编的《上海连环画家美术图典》，由上海人民美术出版社出版。

2021年，亲自担任艺术指导，组织沪上二十多位擅长国画人物创作的著名画家，用心绘制完成一百幅党史上著名先烈和英模人物国画作品，并亲自创作了李大钊、雷锋和钟南山等的国画像。2021年1月，作品构成"热血铸春秋浩气贯长虹——党史上著名先烈英模人物国画作品展"，在上海龙现代艺术中心展出。2021年也适逢辛丑牛年，汪观清这次一改笔墨挥洒为手黏堆塑，第一次将自己平面的牛"转化"成立体的牛——一尊长达2.4米的大型铜雕牛《金牛迎春》，亮相上海人民广场地铁站中央大厅永久展出。

（撰稿：邢建榕、魏松岩　　核稿：汪顺生）

成就与贡献

汪观清是我国知名画家，擅长连环画、中国人物画、山水画，尤以画牛著称。"黄胄的驴子汪观清的牛"，汪观清爱画牛，善画牛，时常自谦为"老牛"。他的牛主题画也多次举办展览。尤其是他在上海人民美术出版社工作期间，总计创作连环画六十余种，影响大的有《斯巴达克》《鸡毛飞上天》《雷锋》《红日》《南京路上好八连》《从奴隶到将军》《周恩来同志在长征路上》等，成为几代人的记忆。他现为中国美术家协会会员、上海市文史研究馆馆员，历任上海人民美术出版社副编审、黄山市画院名誉院长、上海市民盟书画院院长、上海市文史馆书画研究社社长。

荣誉和社会兼职

- 因连环画《红日》获第二届全国连环画评比二等奖
- 上海市非物质文化遗产项目连环画代表性传承人
- 上海市美术家协会理事、安徽黄山学院特聘教授、安徽省黄山市书画院名誉院长、安徽歙县汪观清新安艺术馆馆长、黄山披云书画院总顾问、安徽新安画派研究会顾问

著作

- 著有《怎么画牛》《名家教画》《汪观清画集》《汪观清画百牛纪念封珍品集》《汪观清口述历史》《汪观清军事题材连环画作品集》等；
- 主编有《徽州大观》《老连环画》《新中国连环画(50—60 年代)》《新中国连环画(70 年代)》《一个历史街区的文化记忆》等。

汪懋华
中国现代农业科学主要创建人

汪懋华　农业工程学家、农业工程教育家、农业电气化与自动化专家、中国工程院
　　　　院士

广东兴宁人　1932.11.11—

简历

1932 年,出生于广东省兴宁县。

1951 年,毕业于兴宁一中。

1952—1956 年,就读于北京农业机械化学院农机系,获学士学位。

1958—1962 年,就读于苏联莫斯科农业机械化与电气化学院,获博士
学位。

1962—1995 年,就任于北京农业机械化学院。

1984—1990 年,在北京农业工程大学任副校长。

1991 年 1 月—1993 年 1 月,受原国家教委选派到曼谷亚洲理工学
院(AIT-国际性研究生院)农业与食品工程系和能源技术系任客座教授。

1995 年,当选为中国工程院院士。

2006 年,当选为国际欧亚科学院院士。

成就与贡献

汪懋华专长于电气、电子信息与自动化科技农业应用研究和智能化电子信息高新技术农业应用研究。他是国际知名的中国农业工程科技专家和我国农业工程学科专业建设承上启下的学术带头人之一，也是中国高等农业院校农业工程学科及农业工程教育事业的开拓者之一。

汪懋华历任北京农业机械化学院电气化系教研室主任、系主任、副院长，北京农业工程大学教授、副校长；曼谷亚洲理工学院教授；中国农业大学教授、博士研究生导师；国务院学位委员会学科评议组成员兼"农经、农工"学科评议组召集人；教育部重点实验室学术委员会主任；全国高等农业院校教学指导委员会委员、副主任委员兼农业工程学科组组长。他还受聘为多个国际国内学术刊物编委，为发展我国农业工程国际合作和扩大国际影响做出了重要的贡献。

荣誉和社会兼职

- 两度获北京市科学技术进步奖一等奖
- 获国家科学技术进步奖二等奖
- 获神农中华农业科技奖三等奖
- 中国农业机械发展终身荣誉奖
- 中国农业工程学会、农业机械学会副理事长、名誉理事长，农业工程学会理事长
- 曾先后担任联合国粮农组织农业工程专家组成员，联合国亚太农业工程与机械中心技术委员会、理事会成员和国际农业工程协会农村电气化与能源分会副理事长，英国农业工程协会、国际农业与生物系统工程协会会士。

著作

- 著有《汪懋华文集》等；
- 主编有《中国农业机械化发展战略研究》《现代精细农业理论与实践》等。

汪燮卿
中国生物质能源倡导者

汪燮卿　有机化工专家，中国工程院院士

安徽休宁人　1933.2.11—

简历

1933 年 2 月 11 日，出生于浙江省衢州市龙游县。

1951—1953 年，就读于清华大学化工系。

1953—1956 年，因院系调整，调入北京石油学院人造石油专业就读，并获学士学位。

1956—1961 年，被选派到民主德国麦塞堡化工学院，并获自然科学博士学位。

1961—1962 年，就职于石油部石油科学研究院。

1962—1965 年，任石油化工科学研究院题目组长。

1965—1974 年，任石油化工科学研究院研究室副主任。

1974—1983 年，任石油化工科学研究院第一研究室主任。

1983—1995 年，任石油化工科学研究院副院长。

1995 年，当选为中国工程院院士。

1996—1999年，任石油化工科学研究院总工程师。

1999年起，任石油化工科学研究院学位委员会主任。

2005年，应聘为浙江大学联合研究所兼职教授。

成就贡献

汪燮卿长期从事炼油和石油化工科技开发。20世纪60年代初，他主持石油组成、油品和添加剂分析研究，并成功研制具有独创性的用重质原料生产轻质烯烃和高质量汽油的新技术，在生产实践中得到广泛应用；成功研制符合以重质石油为原料，生产气体烯烃的催化裂解技术等工艺要求的系列催化剂，并实现了工业化应用；成功指导研制钛硅分子筛作氧化催化剂并实现了工业化应用。他的成果为中国石化行业的发展和中国能源自主自立自强开辟了广阔的道路。

20世纪80年代后，他率先主持开发成功一条炼油与石油化工相结合的以重质石油为原料，生产乙烯、丙烯DCC工艺和高质量汽油MGG工艺的新技术路线，完成了具有独创性的、处于国际领先水平的技术攻关。

1990年11月，万众瞩目的催化裂解技术试验最终大获成功。

1994年，他主持研制成功的DCC技术经美国SWEC公司代理转让给泰国石油公司，由此实现了我国重大成套炼油技术的首项出口。

20世纪90年代后，他主持劣质原油加工的研究和开发，完成了高酸原油直接流化催化脱酸的研究，并实现工业化生产；指导钛硅分子筛的合成应用研究，实现有机化工氧化的清洁生产技术。

他退休以后仍坚持不懈地继续科研事业，成功指导研制了作为氧化催化剂的新型钛硅分子筛——空心纳米钛硅分子筛，并实现了工业化应用，这成为他科研生涯的又一个高峰。这一成果的应用使中国石化成为继意大利埃尼公司之后世界上第二个能工业化生产钛硅分子筛的大型企业。

荣誉和社会兼职

- 获全国科学大会奖 2 项
- 获中国专利金奖
- 获国家发明技术奖一等奖
- 获国家科学技术进步奖二等奖
- 获中国石化集团公司科学技术奖一等奖
- 获国家发明技术奖二等奖
- 两度获中国专利优秀奖

著作

- 著有《石油树结奇异果》《重质油裂解制轻烯烃》《汪燮卿自传》等；
- 发表《高酸原油流化催化裂解脱羧酸技术的初步研究》等论文 190 余篇；
- 获国内专利授权 252 件，国外专利授权 55 件。

汪成为
中国军用计算机开创人

汪成为　信息领域专家，中国工程院院士，少将

浙江奉化人　1933.7.1—

简历

1933 年，出生于上海。

1956 年，毕业于北京师范大学物理系。

1956—1957 年，在北京俄语学院留苏研究生班学习。

1957—1965 年，在国防部第五研究院工作。

1965—1985 年，先后担任航天部第二研究院七○六所模拟站副站长、研究主任、副所长。

1985—1990 年，担任国防科工委系统工程研究所总工程师。

1987 年，任"863"专家委员会委员。

1990—1993 年，担任国防科工委系统工程研究所所长。

1993 年，被授予技术少将军衔。

1993—2003 年，担任原总装备部科技委常任委员。

1994 年，当选为首批中国工程院院士。

1995 年，任博士生导师。

1998 年，任"973"专家顾问组成员。

2001 年，被授予正军职。

2002 年，任国家信息化专家咨询委员会委员。

2003 年，任原总装备部科技委顾问。

2004 年，任中央军委科技委顾问。

成就和贡献

汪成为是国家信息化专家咨询委员会委员，智能计算机专家组组长，国防"973"计划和国防"863"计划专家顾问组成员。

作为信息领域专家，面对 21 世纪面临的信息技术挑战，他在 2004 年敏锐地提出了对 21 世纪信息技术发展趋势的思考，他提出：网络技术将发展为协同计算，多媒体技术将发展为虚拟现实，面向对象技术将发展为面向智能体技术，嵌入技术将发展为普适技术。

为促进我国软件产业的发展，他于 2008 年提出："需求牵引、技术推动"，将促进软件的发展与需求关注点的转移结合，实现软件技术途径的转变。

2010 年，在机器人与智能信息系统领域，他又提出：未来的人机系统的研究重点，将从以往的"人在回路中"发展为"回路在人中"，广义信息和广义回路中的异构信息感知和融合将是未来的关键技术。

汪成为长期从事电子计算机及人工智能研究工作，主持完成了多项国防科技任务的研究工作。他是我国军用计算机及软件、仿真、建模和军用信息应用系统的早期研制者和组织者之一，在中国信息领域的基础研究和关键技术方面做出了重要的贡献。

荣誉和社会兼职

- 荣立一等功

- 1987 年参加全军英模大会，被授予"英模荣誉证章"
- 两度获国家科学技术进步奖二等奖
- 技术少将军衔
- 获国家科学技术进步奖二等奖
- 获何梁何利科学与技术成就奖
- 获军队突出贡献奖
- 获中国计算机学会终身成就奖

著作

- 著有《面向对象的分析、设计及应用》《人类认识世界的帮手——虚拟现实》等；
- 发表有《灵境技术与人机和谐仿真环境》《分布交互计算和分布交互仿真》等。

汪涉云
城镇建设的尖兵

汪涉云　领导干部

安徽当涂人　1934.6—2018.5.8

简历

1934 年,出生。

1951 年 9 月—1955 年 11 月,在安徽大学农学院农学系学习。

1955 年 11 月起,历任宿县农业学校教师、学科主任,蚌埠农业专科学校教师、教研室主任,安徽农业专科学校、凤阳农业专科学校讲师。

1962 年 11 月—1970 年 1 月,任安徽省农业厅技术员。

1970 年 1 月—1972 年 5 月,任安徽省直机关赴萧县宣传队队员。

1972 年 5 月—1983 年 5 月,历任安徽省农业厅粮油处技术员、科长、副处长。

1975 年 11 月,加入中国共产党。

1983 年 5 月—1985 年 12 月,任安徽省农牧渔业厅副总农艺师。

1985 年 12 月—1986 年 3 月,任安徽省农牧渔业厅副厅长、党组成员。

1986 年 3 月—1987 年 4 月,任安徽省农牧渔业厅厅长、党组书记。

1987 年 4 月—1993 年 2 月,任安徽省政府副省长、党组成员。

1993 年 2 月—1998 年 1 月,任安徽省政协副主席、党组副书记。

2002 年 7 月,退休。

2018 年 5 月 8 日,于合肥逝世。

成就与贡献

汪涉云把毕业的精力都奉献给了安徽省经济社会发展事业,深受干部群众尊重和爱戴。

他担任安徽省副省长期间,坚定不移地贯彻党的基本路线,紧密联系安徽实际,围绕经济建设这个中心,解放思想,更新观念,全面推进农村经济体制改革,着力调整和优化产业结构,为实现农村经济突破性增长、改善人民生活水平和质量倾注了大量的心血,做出了重要的贡献。

他担任安徽省政协副主席、党组副书记期间,团结带领各民主党派、社会团体、社会各界人士,围绕中心,服务大局,全力助推安徽省振兴大业,为全省社会主义民主政治建设和人民政协事业发展做出了不懈的努力。

他退出领导岗位后,仍然心系安徽,为全省经济社会发展积极建言献策,始终保持了领导干部的高尚品质和崇高境界。

汪顺亭
中国船舶导航系统的开拓者

汪顺亭　惯性技术与导航设备专家、中国工程院院士

山东肥城人　1935.1.7—

简历

1935 年,出生于辽宁省大连市。

1954—1956 年,于北京外国语学院留苏预备部学习。

1956—1962 年,就读于原苏联莫斯科国立鲍曼技术大学仪表制造系。

1962 年,毕业于原苏联莫斯科国立鲍曼技术大学,同年回国后分配到中国船舶重工集团第七〇七研究所工作。

1964 年 10 月,加入中国共产党。

1979 年,获高级工程师职务。

1988 年,获研究员职务,后历任研究所专业组长、研究室副主任、所副总工程师、总工程师兼副所长。

1995 年,被任命为中国船舶工业总公司对俄独联体技术引进领导小组高级顾问,从事国际技术交流和技术引进工作。

1995 年,当选中国工程院院士。

1999 年，回第七〇七研究所工作。

2001 年起，在北京理工大学从事科研和硕士、博士研究生培养工作，其间承担"惯性/水声组合导航技术研究""惯性导航系统工作模式研究""水下无人潜器及导航技术""极区导航技术""舰载机惯性导航系统动基座对准技术"等多项课题的首席技术顾问，并指导硕士、博士研究生多名。

成就与贡献

汪顺亭长期从事舰船惯性导航系统、原理方案和惯性平台的研制工作，是中国自行研制舰船用高精度、长寿命、动压马达液浮陀螺惯性导航系统的开拓者之一。在国家重点项目第一代（915－2A、915－2B、915－2C）舰船惯性导航系统的研制工作中任课题负责人。他主持完成了原理方案设计，系统分别装备各类舰艇，多次完成国家重点工程试验和测控任务。"915－2A"获国家科学大会奖、"915－2C"获国防科委三等奖；他还在国家重点攻关项目第二代（915－2D）舰船惯性导航系统研制工作中任主任设计师，主持设计、研制和试验全过程，系统地改进了原理方案，成功地简化了人机工程和物理设计，采用双重信息导航方式提高了定位定向住处的可信度和可靠性，采用三点两组位置误差提高了精校准方位测漂精度，按实战要求设计了"奇点校准"方案。该系统装备测量船圆满完成了同步卫星和澳星发射等重要测控任务。

通过上述工作，汪顺亭及其团队使中国舰船惯导系统成功地完成了海上鉴定试验，解决了国家重点工程的重大关键技术。

此外，他还提出了提高系统精度和可靠性的新方法"系统监控"（无监控陀螺的 H 调制技术），综合处理两套动态备份系统的信息估计漂移校准系统，有工程实践基础，仿真试验证明可行，为中国舰船惯性导航系统的研制成功和推广应用做出了突出的贡献。

荣誉和社会兼职

- 获全国科学大会奖，国防科委三等奖
- 获中国船舶工业总公司科技进步奖特等奖
- 两度获国家科学技术进步奖一等奖
- 先后担任天津市科协二届委员，国防科工委惯性技术军工组成员，军用惯性技术标准化技术委员会主任委员，全国导航设备标准化技术委员会副主任委员，中国惯性技术学会副理事长、学术交流部主任
- 任《中国惯性技术学报》编委会副主编，中国造船工程学会理事，中国船舶重工集团公司第七〇七研究所首席顾问、研究员，东南大学兼职教授

著作

- 主持审查了多项惯性技术与导航设备标准；
- 在《中国惯性技术学报》等学术刊物及国际、国内学术交流会上发表有《船用惯性系统中多重信息的获得与应用》《船用惯性系统的研制》等多篇论文。

汪品先
中国海洋地质学的带头人

汪品先　海洋与地球科学专家，中国科学院院士

江苏苏州人　1936.11.14—

简历

1936 年 11 月 14 日，出生于上海。

1953 年，毕业于上海格致中学。

1953—1955 年，于北京俄文专科学校学习俄文。

1955—1960 年，在莫斯科大学地质系学习。

1960 年 12 月—1972 年 2 月，任华东师范大学地质系助教。

1972—1981 年，在上海同济大学任职，先后任海洋地质系助教、副教授。

1981—1982 年，获洪堡奖学金，在德国基尔大学从事研究。

1982 年 9 月起，先后任同济大学副教授、教授、副系主任、系主任、实验室主任。

1986 年起多次应邀赴澳洲国立大学等任访问研究员。先后在华东师范大学和同济大学任教，曾任同济大学海洋地质系主任，现任同济大学海洋与地球科学学院教授、博士生导师、海洋地质教育部重点实验室主任。

1990 年，当选为伦敦地质学会名誉会员。

1991 年，当选为中国科学院院士。

1999 年，主持中国海区首次大洋钻探 ODP 第 184 航次。

2002 年，当选为第三世界科学院院士。

2009 年，建立中国第一个海底综合观测深网系统——东海海底观测小衢山试验站，实现了中国海区深海科学钻探零的突破。

2011 年起，任国家"南海深部计划"指导专家组组长。

成就与贡献

汪品先长期从事海洋微体古生物与古海洋学研究，是深海"973"项目的首席科学家。

从 20 世纪 70 年代起，他通过微体化石系统地进行古环境研究，曾完成我国第一口海上石油探井的微体古生物分析任务。他在我国率先开展了微体化石埋藏学的研究，揭示中国各海区沉积中钙质微体化石的分布格局及其控制因素，提出了识别海相、咸水湖相与淡水湖相的标志及其重要性。他引进多种定量古生态研究方法，推动我国微体古生物研究朝定量古生态方向发展。

20 世纪 80 年代中期起，他在我国的古海洋学研究方面又做出了开拓性贡献，他首次发现了南海等西太平洋边缘海在冰期/间冰期旋回中环境与沉积变化的古海洋学放大效应，并在我国率先出版相关教材、培养出古海洋学博士生。1988 年以他为首筹备、发起了"首届亚洲海洋地质国际会议"，先后组织政府间海洋委员会"西太平洋古地理图"工作组、国际海洋科学委员会"亚洲季风演变的海洋记录"工作组，促使我国古海洋学得到较快的发展和国际重视。

尤其是他提出的在南海追溯东亚古季风史的建议书，在大洋钻探 1997 年度国际竞争中获全球排名第一，被采纳为 ODP 第 184 航次，并由他作为首席科学家于 1999 年初成功主持了中国海区首次的深海科学钻探。这也是第一次由中国人设计和主持的大洋钻探航次,航次后的研究建立了西太平洋海区最佳深海地层剖面,发现了碳循环长周期,标志着我国在这一领域的研究已跻身国际先进行列。

他负责执行了国家重点基础研究发展规划项目、国家自然科学基金重大项目和教育部重大科技项目等多项课题,对我国海洋地质学的发展做出了创造性的贡献。

荣誉和社会兼职

- 获原国家科委科技进步一等奖
- 获国家自然科学四等奖
- 获中国科学院科技进步一等奖
- 获国家自然科学二等奖
- 获上海市"最美奋斗者"称号
- 第六、第七届全国人大代表
- 第八、九、十届全国政协委员
- 中国海洋研究委员会主席、中国科学院地学部副主任、教育部科技委地学部主任等
- 曾发起和组织亚洲海洋地质国际会议系列,主持西太平洋冰期古地理图工作组、SCOR/IMAGES 亚洲季风工作组的国际合作
- 曾任国际海洋研究科学委员会副主席、联合国政府间海洋委员会专家指导组成员、伦敦地质学会名誉会员

著作

- 著有《深海浅说》《十万个为什么：海洋》等科普作品；
- 发表有《全球季风的地质演变》《我国东部晚更新世以来海面升降与气候变化的关系》等百余篇论文,在国内外受到高度评价。

汪旭光
中国乳化炸药的奠基人

汪旭光 炸药与爆破技术专家、中国工程院院士

安徽枞阳人 1939.12.31—

简历

1939 年 12 月 31 日,出生于安徽省安庆市。

1953 年,入浮山中学学习。

1959—1963 年,就读于安徽大学化学专业,获学士学位。

1963—1971 年,任冶金工业部情报标准研究所组长。

1971—2002 年,先后任北京矿冶研究总院室主任、院学术委员会主任、副院长。

1992 年,当选为俄罗斯圣·彼得堡工程科学院院士。

1993 年,任北京矿冶研究总院副院长。

1995 年,当选为中国工程院院士。

2002—2007 年,任北京矿冶研究总院院学术委员会主任。

2007 年起,工作于北京矿冶研究总院。

成就与贡献

汪旭光在业内有"炸药大王""中国的诺贝尔"之称。

他长期致力于现代工业炸药与工程爆破技术的研究与开发工作。20世纪70年代，率先在国内研制成功高威力田菁10号浆状炸药和EL系列乳化炸药，开发出10个系列、38种乳化炸药以及配套工艺及设备，首次实现我国工业炸药技术向国外转让。

他的研究成果先后在国内外获得大量推广应用，形成了我国BGRIMM品牌。1999年，他主持研发成功的中小直径乳化炸药现场混装车已在国内外推广应用200多台套，为工业炸药装填爆破一体化模式的发展奠定了技术基础。他所著《乳化炸药》是国内外第一本全面阐述乳化炸药技术的专著，受到业界专家学者的广泛认同，英文版畅销130多个国家。

荣誉和社会兼职

- 获全国科学大会奖
- 获国家发明奖二等奖
- 获国家发明奖三等奖
- 获国家技术发明奖二等奖
- 获国家科技进步二等奖
- 布鲁塞尔尤里卡世界发明博览会金奖
- 1988年和1994年分别获得全国优秀科技图书一等奖和国家图书提名奖
- 获国家科学技术进步奖二等奖
- 获优秀工程勘察设计奖
- 获国家科学技术进步奖一等奖
- 获光华工程科技奖

- 被评为全国劳动模范
- 2008 年被评为"改革开放 30 年中国有色金属工业 30 位有影响力人物"
- 获国家安全生产科技一等奖
- 第六届全国人大代表
- 中国爆破行业协会会长
- 中国有色金属工业协会副会长

著作

- 著有《乳化炸药》《爆破手册》《爆破设计与施工》等专业著作；
- 发表有《关于爆破震动安全判据的几个问题》《21 世纪的拆除爆破技术》等论文。

汪超群
蓝天将星

汪超群　空军中将

上海嘉定人　1942.11.16—

简历

1942 年,出生。

1959 年 7 月,参加中国人民解放军,历任空军第五航空学校飞行学员,空军航空兵部队飞行员、中队长、大队长、副团长、团长、副师长、师长。

1990 年 6 月,任空军第七军参谋长。

1992 年 10 月,任原北京军区空军参谋长。

1993 年 7 月,晋升为空军少将军衔。

1995 年 12 月,任原北京军区空军副司令员。

2000 年 12 月,任原成都军区副司令员兼原成都军区空军司令员。

2001 年 7 月,晋升为空军中将军衔。

2003 年 7 月—2005 年 12 月,任空军副司令员。

成就与贡献

1999 年庆祝中华人民共和国成立五十周年阅兵式，汪超群担任空中梯队指挥员。10 月 1 日，在极为复杂的气象条件下，汪超群果断指挥空中梯队 132 架战机以楔形、箭形、菱形、三角形等编队队形，飞过天安门广场上空，接受祖国和人民的检阅，受到中央军委首长赞许和阅兵指挥部表彰。

荣誉和社会兼职

- 第十、十一届全国人大代表

汪光焘
中国城市交通学先驱

汪光焘　城市规划建设管理专家、国际欧亚科学院院士

安徽休宁人　1943.6—

简历

1943 年 6 月，出生于上海。

1960—1965 年，在同济大学城市建设系学习。

1965—1978 年，任江苏省徐州市城建局技术员。

1978—1981 年，在同济大学路桥系攻读硕士学位，获工学硕士。

1981—1984 年，先后任江苏省徐州市城乡建设委员会技术科工程师、城乡建设科科长、副总工程师、副主任。

1984—1989 年，任徐州市副市长。

1989—1995 年，任建设部城市建设司司长、总工程师。

1995—1998 年，任黑龙江省哈尔滨市委副书记、代市长、市长。

1998 年—2001 年 11 月，任北京市副市长。

2001 年 11 月—2001 年 12 月，任建设部党组书记。

2001 年 12 月—2008 年 3 月，任建设部部长。

2008 年 3 月，任第十一届全国人大环境与资源保护委员会主任委员。

成就与贡献

汪光焘是中国城市交通发展论坛发起人，他率先提出城市交通学，并推动建立城市交通交叉学科。在城市规划与管理、城市生态保护与可持续发展、城市交通现代化治理等领域具有丰富的理论研究和政策实践经验。并主持国家自然基金重点项目、应急管理项目、专项基金项目等。

荣誉和社会兼职

- 中共第十六届中央委员
- 第十一届全国人大常委会委员、环境与资源保护委员会主任委员
- 国际欧亚科学院中国科学中心副主席、国际欧亚科学院（北京）秘书长、城市科学学部主任
- 北京工业大学城市交通学院名誉院长
- 北京工业大学、清华大学、同济大学兼职教授、博士生导师
- 香港中文大学荣誉教授

著作

- 著有《城市交通学导论》《北京历史文化名城的保护与发展》等；
- 编著有《城市公共交通出行分担率研究》等。

汪正平
现代半导体封装先驱

汪正平　电子工程学学者，中国工程院外籍院士，香港科学院创院院士

广东广州人　1947.3.29—

简历

1947 年，出生于广州。

1949 年，举家迁徙到香港定居，先后就读于元朗小学、元朗公立中学。

1965 年底，考入香港中文大学中文系。不久后转读美国普渡大学。

1965—1969 年，于美国普渡大学就读，获得化学学士学位。

1969—1972 年，于宾夕法尼亚州立大学就读，获得硕士学位。

1972—1975 年，于宾夕法尼亚州立大学就读，获得哲学博士学位。

1975—1977 年，于斯坦福大学从事博士后研究。

1977—1995 年，于美国电话电报公司（AT&T）所属贝尔实验室工作，先后担任研究员、首席科学家、杰出科学家。

1992 年，获贝尔实验室颁发院士，同年获颁国际电气与电子工程师学会院士。

1995—2010 年，于佐治亚理工学院任教，并成为佐治亚理工学院董事

教授。

2000 年，当选为美国国家工程院院士。

2010 年起，任香港中文大学工程学院院长。

2011 年，被聘为中国科学院深圳先进技术研究院"先进电子封装材料"广东省创新科研团队带头人、电子封装材料方向首席科学家。

2013 年，当选中国工程院外籍院士。

2015 年，当选为香港科学院创院院士。

成就与贡献

汪正平是国际著名的电子工程学学者，长期从事电子封装研究，因几十年来在该领域的开创性贡献，被 IEEE 授予电子封装领域最高荣誉奖——IEEE 组件、封装和制造技术奖，并被誉为"现代半导体封装之父"，现已获得业界普遍认可。

他被认为是行业的传奇，通过开创新材料为行业做出了重大的贡献，从根本上改变了半导体封装技术，是塑料封装技术的先驱之一。1977 年，他在贝尔实验室开创性地采用硅树脂对栅控二极管交换机（GDX）进行封装研究，实现了利用聚合物材料对 GDX 结构的密封等效封装，显著提高 GDX 的封装可靠性，同时克服了传统陶瓷封装的重量大、工艺复杂、成本高等问题，该塑封材料与结构工艺通过美国 883 可靠性测试标准，此塑封技术被 AT&T（美国电报电话公司）使用，随后转移至 Intel、IBM 等消费类电子厂商并在业界全面推广，目前塑料封装占世界集成电路封装市场的 95％以上。汪正平还深入研究解决了长期困扰封装界的导电胶与器件界面接触电阻不稳定的问题，该导电胶创新技术在 Henkel（汉高）等公司的导电胶产品中使用至今。他在业界首次开发了无溶剂、高 Tg 的非流动性底部填充胶，简化了倒装芯片封装工艺，提高了器件的优良率和可靠性。这种非流动性底部填充胶技术被 Hitachi（日立）等公司长期使用。

　　此后,他还带领课题组开发了基于硅基的碳纳米管阵列转移技术,为 3D 互联以及纳电子器件等领域奠定了坚实的基础。

　　2012 年,汪正平在中国科学院深圳先进技术研究院作为带头人成功组建了"先进电子封装材料广东省创新科研团队",完善我国集成电路上中下游产业链,打造国际水平的电子封装材料开发与成果转化示范性平台,推动了中国电子封装技术在学术、产业化和国际合作方面的发展。

　　汪正平多年来致力于电子封装材料的研究、开发与工程化应用,研究领域包括高分子材料、材料反应机理、IC 封装、自组装加工、界面黏附以及纳米功能材料合成与表征。他是有机高分子在器件封装应用领域研究的开拓者之一,成功开发多种封装新材料,开创性提出并实现传统"陶封"(ceramic packaging)材料与工艺改进为"塑封"(plastic packaging),大幅降低生产成本且提高性能,为半导体封装技术带来革命性影响。

　　汪正平多年来已成功地激励和培养无数科学人才,享誉学界。

荣誉和社会兼职

　　• 获众多国际奖誉,包括德累斯顿巴克豪森奖、Sigma Xi's Monie Ferst 奖、美国制造业工程师协会颁发的"电子生产卓越贡献奖"、多项由 IEEE 颁授的殊荣,如电子组件封装和生产技术领域奖及 David Feldman 卓越贡献奖、Third Millennium Medal,以及 EAB 教育奖

　　• 国际电机及电子工程师学会(IEEE)电子组件封装和生产技术学会会长、IEEE - CPMT(封装与制造技术协会)技术副会长、国际电子电器工程师协会的主席

　　• 中科院深圳先进技术研究院荣誉教授、中科院半导体研究所荣誉教授、济南大学名誉教授、重庆大学客座教授、深圳技术大学客座教授

　　• 任 *IEEE Transactions on Learning Technologies* 编委、*Nano Energy* 编委、"智能材料百科全书"主编

著作

• 在 *Science*、*Advanced Materials*、*Journal of the American Chemical Society*、*Nano Energy*、*ACS Nano*、*Nano Letters*、*ECTC* 等国际期刊与学术会议上发表论文千余篇；

• 著有《高分子在电子和光子学应用》《电子封装设计、材料、过程和可靠性》《电子制造：无铅、无卤和导电胶材料》《高级电子封装材料》《纳米导电胶技术》等；

• 拥有超过 65 项美国专利和多项国际专利。

汪建平
中国消化系统医学专家

汪建平　肛肠外科专家、英格兰皇家外科学院院士

江西婺源人　1954.9—

简历

1954 年 9 月,出生。

1970 年,入伍,在福州军区七二三部队服役。

1975 年 1 月,加入中国共产党。

1978 年,毕业于第一军医大学医疗系并留校,在大学附属珠江医院任外科医师。

1982 年,考入中山医学院就读外科学硕士研究生。

1985 年,毕业留校,在中山大学附属第一医院胃肠外科工作。

1987 年,在职攻读博士研究生。

1990 年,获医学博士学位。

1991 年 3 月—1993 年 8 月,赴日本神户大学医学院附属医院消化系进行博士后研究。

1993 年,晋升副教授。

1994 年，任中山大学附属第一医院院长办公室副主任、院长助理。

1996 年，任附属一院副院长。

1997 年，晋升教授。

1998 年 3 月，任中山医科大学副校长、校党委常委。

2001 年 10 月，任中山大学党委常委、副校长。

2007 年 2 月—2012 年 7 月，兼任中山大学附属第六医院（中山大学附属胃肠肛门医院）院长。

2011 年 9 月起，任中山大学常务副校长。

2014 年 2 月，出任清华大学医院管理研究院常务副院长。

2016 年 11 月，入选英格兰皇家外科学院院士。

成就与贡献

汪建平是我国胃肠和结直肠肛门良恶性疾病的学术权威，是推动我国结直肠肛门外科学科发展的带头人之一。他主攻结直肠肛门良恶性疾病、胃肠肿瘤，擅长结直肠肿瘤、炎性肠病、肛管良性疾病，尤其对结直肠癌根治术、低位直肠癌保肛手术、TME 和自主神经保护的直肠癌根治术、家族性息肉病、溃疡性结肠炎和痔瘘的诊治有较深的造诣。

他自 1985 年起在中山大学附属一院胃肠外科工作。对低位直肠癌的保功能手术，低位直肠癌术后局部复发的处理都提出过自己的观点，并首先提出结、直肠癌合并不能切除的肝转移时实施分期肝移植的新观点，探索出结直肠癌合并广泛肝转移治疗的新方法。

2007 年，中山大学附属第六医院（胃肠肛门医院）正式挂牌成立，汪建平教授出任首任院长，突出胃肠及结直肠肛门外科的专科特色，为我国现代医院专科化发展开辟了新的方向。

荣誉和社会兼职

- 获卫生部三等奖
- 获广东省科委三等奖
- 2012 年度"中国名医百强榜"上榜
- 广东省胃肠外科学组组长，全国结直肠肛门外科学组组长，中央保健局特聘专家，亚太地区肠造口康复治疗协会中国区主席，中华医学会外科学分会结直肠肛门学组主任委员，广东省医学会外科分会胃肠营养学组主任委员
- 《中华胃肠外科杂志》总编辑
- 《中华外科杂志》《中国实用外科杂志》《癌症》《大肠肛门外科杂志》等特邀编委

著作

- 主编有《胃肠外科手术学》《消化道缝合器及其应用》《外科学》《胃肠外科》等；
- 发表有《大肠癌并急性结肠梗阻的处理》《肠造口病人的心理康复》等。

汪海江
战绩卓著的将军

汪海江　上将

四川安岳人　1963.10—

简历

1963 年,出生。

1977 年,考入军校,经过几年的正规军校教育,他成为一名"学生官"。

2016 年 11 月起,任西藏军区副司令员。

2019 年 12 月,晋升为中将军衔。

2020 年 1 月,任西藏军区司令员。

2021 年 4 月,赴新疆工作,任新疆军区司令员、西部军区司令员。

2021 年 9 月,晋升为上将军衔。

成就与贡献

　　汪海江是 1977 年全国恢复高考后,第一批从地方参加高考考入军校的学员之一。毕业后不久,他就参加了边境自卫反击战,其间担任主攻连连长,带领官兵多次抵近前沿阵地侦察,因作战英勇荣立一等功。随后,他成长为原兰州军区的主力团长、师长。

他在我国边疆地区已任职多年，是少有的科班出身、既有实战经验又有战功在身的高级将领。

2017 年，汪海江曾在海拔 4 000 多米的边防一线，连续蹲点 10 个月，带领官兵在极端天气下修建盘山公路，为边境小康村建设做贡献。

荣誉和社会兼职

第十三届全国人大代表

汪宜友
全国公安系统一级英雄模范

汪宜友　民警

湖北武汉人　1963.12.30—1983.8.26

生平

　　汪宜友,生前系武汉市公安局武昌区分局徐家棚派出所民警。1983
年8月26日,在追捕身揣手榴弹行凶杀人的犯罪分子时,为保护在场群
众的生命安全,与犯罪分子英勇搏斗,壮烈牺牲。

　　1983年9月5日,公安部追授其全国公安战线一级英雄模范称
号。1983年9月追认其为中国共产党党员和革命烈士。

成就与贡献

　　1983年8月26日的夜晚,一名男子因向岳母要钱还赌债不成,竟然
携带手榴弹准备行凶杀人。警方立即调派警力前往处置。民警汪宜友和
张永文、张家强3人在徐家棚街口与嫌疑人狭路相逢。男子见势不妙,企
图拉响手榴弹。

　　当时正是夏天,大家晚上都在街边乘凉,路上人非常多。三位民警心

急如焚，加快脚步冲了上去。不料，歹徒拉动了手榴弹导火索。面对危险，三位民警丝毫没有犹豫，分头包抄扑了上去。汪宜友在右边抱住男子右臂，张家强从后面抱住了歹徒的腰，张永文在左边抱住凶犯的头猛往下按。手榴弹的引线嗤嗤作响地燃烧起来，为了保护群众的安全，3名实习民警无一退缩，将男子和正在冒烟的手榴弹压在了身下。

一声巨响之后，嫌疑人当场毙命，刚满20岁的民警汪宜友、张永文壮烈牺牲。张家强身受重伤，左臂高位截肢。

汪宜友、张永文被追授为革命烈士，他们的名字永远镌刻在烈士陵园的墓碑上，他们的故事会继续在人民群众的心中流传，他们永远活着。

汪劲松
中国数控系统专家

汪劲松　教育学家

四川万县人　1964.4—

简历

　　1964 年 4 月,出生。

　　1981 年 9 月—1986 年 2 月,就读于清华大学机械制造专业,获工学学士学位。

　　1986 年 2 月—1988 年 11 月,就读于清华大学机械制造专业,获工学硕士学位。

　　1988 年 11 月—1990 年 12 月,就读于清华大学机械制造专业。

　　1991 年 4 月,获清华大学工学博士学位。

　　1990 年 12 月—1992 年 11 月,任清华大学精仪系机器人研究室讲师。

　　1992 年 12 月—1995 年 3 月,就职于清华大学精仪系机械制造联合教研室,任副教授、主任。

　　1995 年 3 月—1998 年 9 月,任清华大学精仪系制造工程研究所所长、教授、博士生导师、国家 CIMS 工程技术研究中心副主任。

1997 年 4 月—1998 年 8 月，赴美国密西根大学（University of Michigan）机械系，访问学者。

1998 年 9 月—1999 年 9 月，任清华大学精仪系副主任、清华大学教务处处长。

1999 年 4 月—2004 年 4 月，入选教育部首届"长江学者奖励计划"，任特聘教授。

1999 年 9 月—2000 年 6 月，任清华大学机械工程学院副院长。

2000 年 6 月—2001 年 8 月，任清华大学精密仪器与机械学系系主任。

2001 年 8 月—2003 年，任清华大学教务处处长。

2003 年 1 月—2004 年 2 月，任清华大学教务长。

2004 年 2 月—2009 年 6 月，任清华大学副校长、研究生院院长。

2009 年 7 月—2013 年 1 月，任电子科技大学校长。

2013 年 1 月至今，任西北工业大学校长、党委副书记。

成就与贡献

汪劲松是教育部首届"长江学者奖励计划"特聘教授，享受国务院政府特殊津贴。

他长期致力于先进制造装备及技术、数控系统、CIMS 应用技术工程、特种移动机器人等方面的研究。近年来作为项目负责人和主要完成人先后承担了 40 余项科研项目，多次主讲研究生课程。

他是一个熟悉高等教育规律，开拓创新意识较强，治校办学理念明确，工作思路清晰，高校行政管理经验丰富，行政能力和执行力较强的人。

荣誉和社会兼职

- 获教育部科技进步一等奖 1 项,二等奖 2 项,三等奖 1 项
- 获第三届 GM 中国科技成就二等奖
- 国家首批"百、千、万"人才工程第一、二层人选
- 获"北京青年五四奖章"
- 获第七届中国青年科技奖
- 生产工程学会理事
- 《航空制造技术》编委
- 国家"973"项目专家委员会专家
- 国家"863"计划机器人技术主题专家
- ASME 会员、IEEE 会员、SME 高级会员、中国机械工程学会高级会员

著作

- 编著有《产品绿色化工程概论》《并联机器人机构学基础》等；
- 发表有《并联机床——机床行业面临的机遇与挑战》《基于产品生命周期的绿色制造技术研究现状与展望》等；
- 获发明专利多项。

编后记

　　《浪花礼赞》辑录了 60 位现当代汪姓优秀人物。

　　这些人物,浴血在战争年代,灵动于和平时期。他们堪称汪姓的精英、民族的英雄、国家的栋梁。在浩瀚的历史长河当中,他们就像一朵朵浪花,在阳光下折射出璀璨、绚丽的色泽,令我们增信,使我们崇德,让我们明礼,促我们力行。

　　在编辑过程中,编委会收集了大量的资料。整个编辑,历经三改文稿,五易书名。

　　为求得资料的真实性和可靠性,编委会成员还拜访了部分人物本人,并走访了有关单位。部分故世人物的资料由他们的亲属提供。

　　限于编委会自身的局限性,所有人物不能一一拜访,数据考订难免存在误差,如有发现,盼来函指出,以便再版时纠正。联系邮箱:postmaster @clans.wang。

　　本书在编辑过程中,得到了很多汪姓本族宗亲的大力支持和热心帮助,在此一并致谢!

汪德林